DICO *chien*

DICO *chien*

DR BRUCE FOGLE

Publié pour la première fois au Royaume-Uni en 2000
sous le titre original *Dogalog* par
Dorling Kindesley Limited, 80 Strand, London WC2R ORL.

© 2003 Marabout pour l'adaptation française
Traduction : Catherine Ludet
avec la collaboration d'Isabelle de Jaham
Mise en page : Anne-Marie Le Fur

© 2003 Éditions du Trécarré,
division de Éditions Quebecor Média inc.
pour l'édition québécoise

Nous reconnaissons l'aide financière du gouvernement du Canada
par l'entremise du Programme d'aide au développement
de l'industrie de l'édition (PADIÉ) pour nos activités d'édition ;
du Conseil des arts du Canada ; de la SODEC ; du gouvernement du Québec
par l'entremise du Programme de crédit d'impôt
pour l'édition de livres (gestion SODEC).

ISBN 2-89568-101-5

Dépôt légal 2003
Bibliothèque nationale du Québec

Éditions du Trécarré,
division de Éditions Quebecor Média inc.
7, chemin Bates, Outremont (Québec)
H2V 4V7

Imprimé en Espagne

SOMMAIRE

LA SÉLECTION ARTIFICIELLE

L'immense variété des races de chiens illustre l'œuvre
d'éleveurs experts qui, depuis au moins 5 000 ans,
ont cherché à conserver ou à développer, chez des races
particulières, certaines caractéristiques – taille, vitesse,
flair, instinct de garde, sociabilité, dépendance –
ou certains talents – lever ou rapporter le gibier.

ASPECT ET COMPORTEMENT

Dans les sociétés anciennes, les chiens étaient élevés
pour les services qu'ils pouvaient rendre à leurs
maîtres : garde du territoire ou du bétail contre
les intrus ou les prédateurs. Ignorant les lois de
la génétique, les éleveurs eurent cependant très
tôt l'idée d'assurer la transmission de certains
caractères de leurs animaux en les croisant
avec des animaux qui les possédaient aussi.
Grâce à ces sélections, des « types » canins
émergèrent – chiens de régions froides
couverts d'un pelage dense et isolant ou,
au contraire, chiens de régions chaudes
arborant une robe courte et fine, ne
retenant pas la chaleur. Les variations
dues à l'adaptation des animaux
à une région donnée du globe,

Saint-hubert

Welsh corgi cardigan

ajoutées à celles provoquées par la sélection artificielle, produisirent parfois des spécimens d'aspect et de comportement très voisins. Les rois, fiers de leurs chiens de chasse, se mirent à attacher autant d'importance à leur aspect et à leur caractère qu'à leurs qualités de chasseur, bientôt suivis en cela par les riches aristocrates et propriétaires terriens. D'autre part, des femmes de la noblesse adoptèrent de petits chiens de compagnie, dont elles appréciaient les qualités esthétiques – taille, couleur, beauté et douceur du poil – ainsi que le caractère affectueux.

LE RÔLE DES KENNEL CLUBS

Au milieu du XIXᵉ siècle, à travers toute l'Europe, les gens riches achetaient des chiens provenant d'élevages sélectifs. Aux premières expositions canines, fut présenté un éventail de « races » vaguement définies. Un Kennel Club fut fondé en Grande-Bretagne en 1873. Il produisit rapidement un *stud-book* (livre des origines), rassemblant les pedigrees de plus de 4 000 chiens, répartis en quarante races différentes. En quelques années, des Kennel Clubs se formèrent dans d'autres pays. Ces organismes exigeaient qu'avant toute exposition les animaux fussent officiellement enregistrés. Ce règlement eut une influence considérable sur le développement des races ; celles-ci désignèrent alors des groupes de chiens aux caractéristiques bien définies. Afin de correspondre aux standards imposés, les spécimens présentés résultaient d'une sélection qui accentuait parfois certains caractères devenus uniquement esthétiques. Par exemple, la tête volumineuse du bulldog lui servait autrefois pour le *bull-baiting* (combats organisés contre les taureaux). Afin d'assurer à ce chien un succès aux concours, les éleveurs s'efforcèrent de la rendre encore plus grosse : il en résulta un grand nombre de césariennes lors de la mise bas. D'autres races furent améliorées grâce à la longueur de la robe ou à sa texture. Ainsi le lévrier afghan, autrefois chien de montagne indépendant, est aujourd'hui pourvu d'un pelage somptueux, mais ne sait plus poursuivre les gazelles ni chasser les loups.

UNE SÉLECTION ÉCLAIRÉE

Dans la nature, lorsque des caractères interfèrent avec la vigueur ou la capacité de survie d'un animal, ils sont progressivement éliminés par une sélection naturelle. Toutefois, il arrive que ce que la nature considère comme « défaillant » soit jugé « désirable » par l'être humain. Si le fait de correspondre aux standards d'une race provoque chez l'animal un inconfort, voire une maladie, il est indispensable de modifier ces standards. Aujourd'hui, nombre d'éleveurs, maîtrisant parfaitement les lois de la génétique, peuvent s'efforcer d'éviter la transmission de maladies. Les clubs révisent régulièrement leurs critères d'admission, afin d'éliminer toute caractéristique indésirable chez les animaux.

Cairn terrier

COMMENT
CONSULTER CE LIVRE

À la fin du XIXᵉ siècle, s'étaient constitués les Kennel Clubs et les sociétés canines, chacun possédant sa propre méthode de classification des races. Afin d'uniformiser ces différences, plusieurs organisations européennes s'unirent pour former la Fédération cynologique internationale (F.C.I.), qui divise la totalité des races en dix groupes, dotés de nombreux sous-groupes. Chaque club de race ancien, s'il est affilié à la F.C.I., est obligé de communiquer ses critères à cette dernière, faute de quoi il ne peut avoir de reconnaissance internationale. Certaines races prennent, selon les pays, des formes différentes. Ici, la méthode de présentation de chaque race se fonde sur les origines, les caractéristiques physiques et le comportement de l'animal. Les huit catégories choisies – chiens primitifs, chasseurs à vue, chasseurs au flair, chiens de type spitz, terriers, chiens d'arrêt, chiens leveurs et rapporteurs, chiens de troupeaux et chiens de compagnie – sont arbitraires. Certaines races, en particulier celles issues de croisements entre deux de ces huit types, pourraient aussi bien être classées dans des groupes différents.

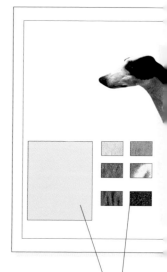

Carte d'identité du chien – origines, fonctions, durée de vie, autres noms, poids et taille au garrot.

Vignette avec légende des couleurs admises

Illustration
commentée

Quelques indications
complémentaires sur l'origine,
le développement et la fonction
du chien

Nom courant de la race,
suivi d'informations sur
l'histoire, la morphologie, la
fonction, et le comportement
de l'animal

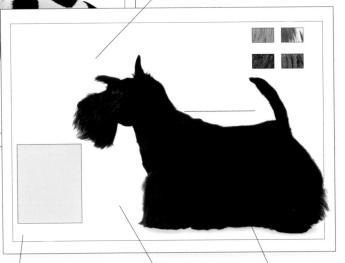

Symboles évoquant les
caractéristiques principales
de la race (voir rabat
au début du livre)

Annotations mettant
en évidence les
particularités de la
morphologie du chien

Photographie
d'un beau
spécimen
de la race

LES COULEURS DE ROBE

L es couleurs de robe sont si riches et si variées qu'un seul mot ne suffit souvent pas à les décrire. Chaque vignette représente un *groupe de couleurs*. La légende indique les couleurs admises de la race selon les codes suivants : par exemple, rouge, feu signifie rouge ou feu ; noir/feu signifie noir et feu, tandis que rouan-orange – signifie orange rouanné. Voici les couleurs citées, dont certaines sont spécifiques à des races particulières.

COULEURS VARIÉES, OU TOUTE COULEUR
Robes dont la variété excède six catégories de couleurs, ou robes qui existent dans n'importe quelle couleur

POIL LONG   POIL COURT

CRÈME
Blanc, ivoire, blond, citron, jaune, et zibeline

GRIS
Argenté, noir et argenté, fauve argenté, sable poivré, poivre, grisonné, grisonné foncé, ardoise, gris-noir bleuté et gris

DORÉ
Doré, jaune doré, doré, fauve, abricot, fauve-abricot, froment, feu, jaune rougeâtre, paille, moutarde et ocre

POIL LONG   POIL COURT

FAUVE
Rouge, feu, rubis, châtaigne, orange, rouan-orange, châtaigne rouanné, rouille et orange et rouge doré

FOIE
Brun-rouge, bronze et cannelle

BLEU
Bleu, merle (bleu-gris avec bigarrures de noir, et bleu moucheté de noir)

POIL
LONG

POIL
COURT

BRUN
Acajou, brun moyen, brun foncé,
brun-gris, brun noirâtre, chocolat
et chocolat foncé

NOIR
Races au poil noir mat, presque noir,
et noir pur, qui grisonnent souvent
autour du museau avec l'âge

NOIR ET FEU
Couleurs nettement définies et contrastées,
incluant noir et rouge, noir et châtaigne

BLEU ET FEU
Bleu et bringé, noir bleuté et feu

FOIE ET FEU
Combinaisons de deux nuances rouges

DORÉ ET BLANC
Blanc tacheté de citron, doré ou orange,
ou fauve et blanc (bicolore)

ROUGE PIE OU AUBÈRE
Combinaison de blanc avec orange,
fauve, rouge et châtaigne aussi
appelée Blenheim

POIL
LONG

POIL
COURT

PIE FOIE ET BLANC
Couleur fréquente chez les chiens
de chasse, incluant des combinaisons
telles que brun et blanc

FEU ET BLANC
Combinaison de couleurs fréquente
chez les chiens courants

NOIR ET BLANC
Blanc, pied et arlequin, avec marques
noires ou bringées

NOIR, FEU ET BLANC
Aussi désignée sous le terme
« tricolore »

ROUGE BRINGÉ
Orange bringé, acajou bringé et fauve
foncé bringé

NOIR BRINGÉ
Poivre et sel, tigré et brun bringé

CHIENS PRIMITIFS

Le terme « primitif » est arbitrairement appliqué à un petit groupe de chiens qui descend du *Canis lupus pallipes,* loup des plaines indiennes. Bien que ces animaux et le dingo soient issus de la même souche, seul ce dernier peut être considéré comme un chien primitif car sa domestication vient de commencer. Des spécimens tels que le chien nu mexicain ou le basenji actuels résultent d'un élevage sélectif intense.

PREMIÈRES MIGRATIONS

Selon les experts, les groupes humains nomades qui commencèrent à se répandre hors de l'Asie du Sud-Est, il y a 15 000 ans, étaient accompagnés par des chiens « parias », qui vivaient des restes de la tribu. Il y a 5 000 ans, des chiens vivaient au Moyen-Orient et en Afrique du Nord ; ils furent probablement introduits dans ces régions grâce aux marchands. Des représentations de la race la plus ancienne connue, le chien du pharaon (vénéré dans l'Égypte antique), ornent les tombes royales.

Chien de Canaan

DÉBUTS DE L'ÉVOLUTION

Diverses races canines primitives se répandirent au cœur du continent africain. Certaines d'entre elles migrèrent vers l'ouest, d'autres accompagnèrent leurs maîtres qui voyageaient vers l'Orient. Nombre de chiens traversèrent l'actuel détroit de Béring, autrefois à sec, qui menait aux Amériques, et des chiens parias asiatiques s'accouplèrent à des loups d'Amérique du Nord. Certains fossiles indiquent cependant que des chiens non métissés, semblables aux dingos, se répandirent jusqu'au sud-ouest et au sud-est des États-Unis.

Basenji

Les origines des chiens d'Amérique centrale et d'Amérique du Sud restent imprécises. Les spécimens indigènes du Mexique et du Pérou pourraient être des descendants nus des chiens parias asiatiques, introduits grâce aux migrations et au commerce humains. Ces animaux sont sans doute également issus de chiens parias africains introduits plus récemment dans ces régions par des commerçants européens.

RACES D'AUSTRALASIE

Un parasite vivant sur les marsupiaux australiens et infestant également certains chiens sauvages asiatiques laisse penser que le dingo – qui atteignit l'Australie il y a seulement 4 000 ans – fit l'objet d'un commerce. Les fossiles les plus anciens de chiens

Chien nu mexicain

retrouvés en Nouvelle-Guinée remontent à seulement 2 000 ans. Dans certaines tribus du Pacifique, ces animaux étaient très estimés pour leurs qualités de gardiens et de compagnons ; dans d'autres, ils étaient méprisés et rejetés, voire étaient mangés.

LA SÉLECTION NATURELLE

L'évolution des chiens primitifs s'opéra, dans une certaine mesure, grâce à une sélection naturelle. Par exemple, le nombre de chiens devenant de plus en plus grand, les petits spécimens, ayant moins d'appétit que les gros, avaient plus de chance de survivre. Les chiens dits primitifs sont privés de caractéristiques résultant de la sélection artificielle, et leur tempérament n'est pas aussi affectueux que celui d'autres races. Cependant, la plupart se montrent dociles au dressage.

CHIEN DE CANAAN

L e chien de Canaan était autrefois employé par les Bédouins du désert de Néguev, comme chien de garde et chien de troupeaux. Élaboré dans les années 1930, le spécimen actuel témoigne de remarquables facultés d'adaptation. Au cours de la Seconde Guerre mondiale, il fut dressé à rechercher les mines ; après la guerre, on l'utilisa en tant que guide d'aveugle. Aujourd'hui, encore apprécié pour toutes ces qualités, le chien de Canaan est également devenu un animal de sauvetage.

Queue touffue s'enroulant sur le dos lorsque le chien est en alerte

Corps solide et poitrine relativement profonde

CARTE D'IDENTITÉ

PAYS D'ORIGINE Israël

APPARITION DE LA RACE Antiquité

FONCTION PREMIÈRE chien « paria »

FONCTIONS ACTUELLES gardien de troupeaux, chien pisteur, sauveteur, de compagnie

DURÉE DE VIE 12 à 13 ans

AUTRE NOM Kelef K'naani

POIDS 16 à 25 kg

HAUTEUR AU GARROT 48 à 61 cm

UN PEU D'HISTOIRE Existant depuis des siècles au Moyen-Orient, ce chien était autrefois considéré comme un « paria », qui se nourrissait de déchets. Dans les années 1930, le docteur Rudolphina Menzel, autorité israélienne en matière de chiens, élabora à Jérusalem un programme d'élevage sélectif, qui aboutit à la race actuelle, de plus en plus appréciée.

Oreilles plantées bas, bien dressées, larges à la base et à l'extrémité arrondie

Yeux sombres, légèrement en amande

BLANC

SABLE

BRUN

NOIR

BASENJI

Ce chien calme et gracieux comporte toutes les caractéristiques des races qui ont évolué dans des climats tempérés plutôt chauds. Sa couleur fauve offre un parfait camouflage, tandis que les taches blanches de sa robe et son pelage court lui permettent de bien supporter la chaleur. Ces particularités, auxquelles s'ajoute la faculté de rester silencieux, en font un excellent chasseur. Les femelles n'ont qu'un cycle de chaleurs par an, au lieu de deux. Lorsqu'il s'exprime vocalement, ce chien émet une sorte de chant tyrolien.

Cou long et musclé

CARTE D'IDENTITÉ

PAYS D'ORIGINE Afrique centrale

APPARITION DE LA RACE Antiquité

FONCTION PREMIÈRE chien de chasse

FONCTION ACTUELLE chien de compagnie

DURÉE DE VIE 12 ans

AUTRE NOM terrier du Congo

POIDS 9,5 à 11 kg

HAUTEUR AU GARROT 41 à 43 cm

NOIR ET BLANC

FAUVE ET BLANC

NOIR

Pattes longues et effilées conférant une grande liberté de mouvement

Oreilles dressées et pointues, extrêmement mobiles

Rides qui donnent à l'animal une expression de surprise

Queue naturellement enroulée en anneau

UN PEU D'HISTOIRE Bien que les origines exactes du basenji restent mystérieuses, des chiens similaires sont représentés sur des tombes égyptiennes de la IVᵉ dynastie. Les spécimens actuels sont issus de chiens originaires du Zaïre.

CHIEN NU MEXICAIN

On ne saura sans doute jamais comment ce chien est arrivé au Mexique. Des ruines aztèques sont ornées de représentations d'animaux apparemment nus, mais il est probable que ces illustrations évoquent d'autres mammifères indigènes. Il semble qu'à une certaine époque les Aztèques « dénudaient » des cochons d'Inde en utilisant une résine qui faisait tomber leurs poils ; ces rongeurs servaient alors de nourriture ou étaient utilisés pour chauffer les lits. Le chien nu mexicain, vif, alerte et affectueux, est souvent comparé aux chiens « parias » de l'Afrique ancienne et aux terriers européens. Bien qu'il soitbâti comme un chien courant, son caractère ressemble à celui du fox-terrier. Il existe sous deux autres formes, naine et miniature *(toy)*, la première étant plus courante que la variété standard.

UN PEU D'HISTOIRE Cette race de chiens nus existait au Mexique à l'époque de la Conquête espagnole. Elle a dû être introduite en Amérique centrale et en Amérique du Sud par des marchands.

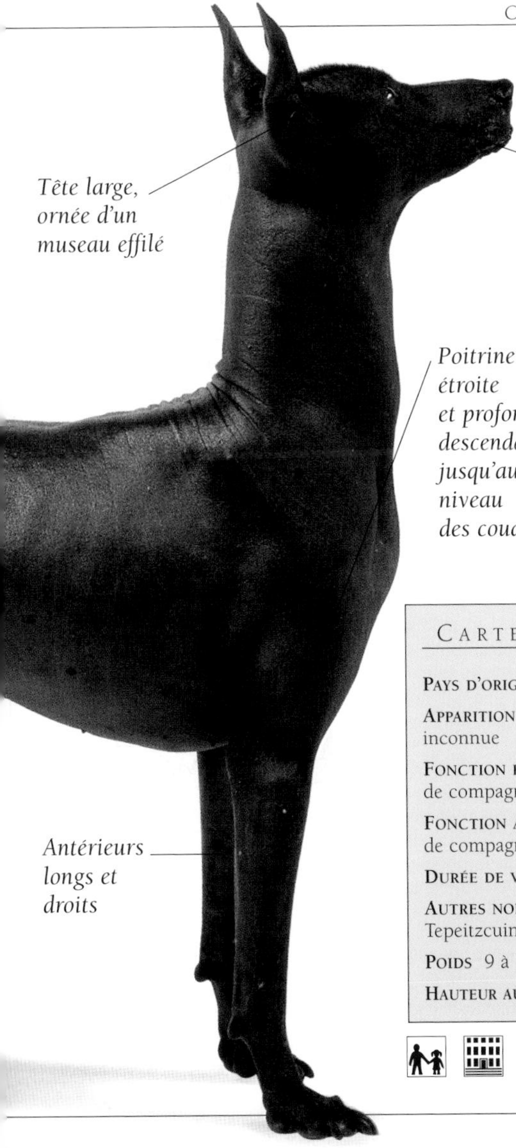

Tête large,
ornée d'un
museau effilé

Yeux légèrement
en amande

ORANGE

ARDOISE

NOIR

Poitrine
étroite
et profonde,
descendant
jusqu'au
niveau
des coudes

CARTE D'IDENTITÉ

PAYS D'ORIGINE Mexique

APPARITION DE LA RACE date
inconnue

FONCTION PREMIÈRE chien
de compagnie et de confort

FONCTION ACTUELLE chien
de compagnie

DURÉE DE VIE 12 à 15 ans

AUTRES NOMS Xoloitzcuintli,
Tepeitzcuintli

POIDS 9 à 14 kg

HAUTEUR AU GARROT 41 à 57 cm

Antérieurs
longs et
droits

CHIEN DU PHARAON

Des restes de squelettes indiquent que des lévriers similaires au chien du pharaon existent au Moyen-Orient depuis au moins 5 000 ans, et depuis environ 2 000 ans dans les autres régions méditerranéennes – les deux races ont survécu indépendamment l'une de l'autre dans des endroits relativement isolés, tels que l'île de Malte et les îles Baléares. Ce spécimen, qui arbore une robe rouge unie, est devenu très apprécié au fil des siècles. Il chasse à vue, à l'ouïe et au flair.

CARTE D'IDENTITÉ

PAYS D'ORIGINE Malte

APPARITION DE LA RACE Antiquité

FONCTION PREMIÈRE chasseur à vue, à l'ouïe et au flair

FONCTIONS ACTUELLES chien de chasse, de compagnie

DURÉE DE VIE 12 à 14 ans

AUTRES NOMS lévrier du pharaon, Kelb-tal Fennek (chien de lapins)

POIDS 20 à 25 kg

HAUTEUR AU GARROT 53 à 64 cm

Épaules bien dégagées

Pelage court et lustré, un peu rêche, facile à entretenir

Pieds blancs, solides et vigoureux, aux coussinets et griffes de couleur claire

UN PEU D'HISTOIRE Le chien du pharaon, d'une altière élégance, est probablement issu du petit loup agile qui peuplait jadis la péninsule arabe. Il y a environ 2 000 ans, les marchands phéniciens l'introduisirent dans les îles de Malte et de Gozo, où il s'est conservé sans être altéré.

Museau long, finement dessiné

Cuisses puissamment musclées

Queue relativement large à la base, s'effilant progressivement jusqu'à la pointe, portée bas lorsque l'animal est détendu

LÉVRIER D'IBIZA

L e pelage du « podenco ibicenco », qui peut être lisse ou dur, existe dans des couleurs différentes. Bien qu'il porte le nom d'Ibiza, l'une des îles Baléares, ce chien fut introduit il y a fort longtemps sur le continent espagnol, où il était utilisé pour chasser les lapins et les lièvres. Affectueux et de caractère égal avec son maître, il se montre parfois méfiant envers les étrangers.

BLANC

FAUVE

FAUVE
ET BLANC

ROUGE

ROUGE
ET BLANC

Oreilles larges et droites, très mobiles

Épaules courtes très inclinées, surmontant des pattes longues et droites

Truffe couleur chair, pâlissant lorsque le chien est malade

CARTE D'IDENTITÉ

PAYS D'ORIGINE îles Baléares

APPARITION DE LA RACE Antiquité

FONCTION PREMIÈRE chasseur
à vue, au flair et à l'ouïe

FONCTIONS ACTUELLES chien
de chasse, d'arrêt, de compagnie

DURÉE DE VIE 12 ans

AUTRES NOMS charnique,
çà eivissenc, podenco ibicenco

POIDS 19 à 25 kg

HAUTEUR AU GARROT 56 à 74 cm

*Cuisses fines et musclées,
bien adaptées à la vitesse*

UN PEU D'HISTOIRE Le lévrier
d'Ibiza arriva vraisemblablement
dans les îles méditerranéennes
il y a plusieurs millénaires.
Ce chien atteignit le midi
de la France, où il fut baptisé
charnique, ou çà eivissenc.

*Doigts bombés, aux
griffes de couleur claire*

*Queue longue,
plantée bas*

CHASSEURS À VUE

Apppréciés pour leur vitesse, les chiens qui chassent à vue ont une structure aérodynamique qui leur permet de bondir légèrement après leur proie. Il s'agit le plus souvent de chiens courants grands, effilés et agiles, issus d'une sélection très élaborée et sophistiquée, qui débuta en Asie du Sud-Est il y a plusieurs millénaires.

CAUSES ET DÉBUT DE LA SÉLECTION

C'est en Arabie que l'on trouve les premières traces de chasseurs à vue. Le saluki et le sloughi, qui poursuivent les gazelles du désert, y font l'objet d'un élevage sélectif depuis 5 000 ans – dans la Perse ancienne, il existait autrefois seize variétés de salukis. Le lévrier afghan, qui existait autrefois sous plusieurs formes, fut utilisé à l'origine pour chasser les gazelles et les renards du désert le jour, et pour garder le campement la nuit. De même, le chasseur à vue le plus célèbre de Russie, le barzoï, existait également

Jack Russell

sous diverses variétés au temps du tsar. Aujourd'hui, les éleveurs cherchent à recréer nombre de spécimens disparus.

Les chasseurs à vue se répandirent plus au sud, jusqu'en Inde, où ils existent toujours. Certains d'entre eux, puissants et hauts sur pattes, furent élaborés pour poursuivre les chacals et les lièvres. Ces chiens furent probablement introduits dans l'Europe méditerranéenne et en Afrique par des marchands phéniciens. Le greyhound, qui est représenté sur des tombes de l'Égypte ancienne, fut transformé (vraisemblablement par des éleveurs espagnols) en un chasseur à vue nain, le petit lévrier italien, aujourd'hui chien de compagnie.

GRANDE-BRETAGNE ET EUROPE

Il est probable que les ancêtres

des chasseurs à vue ont été importés en Grande-Bretagne par des marchands phéniciens, il y a plus de 2 500 ans. L'élevage sélectif, à l'aide de croisements avec des mastiffs, permit la création de chiens puissants et musclés, tels que le lévrier irlandais. Le lévrier écossais fut élaboré pour assister, à la chasse, les chefs de clans des Highlands. Roi des courses de pur-sang, le greyhound anglais fut sans doute introduit par les Celtes afin de poursuivre les lièvres et les renards. Plus récemment, furent créés le whippet, chasseur redoutable à l'aspect gracieux et fragile, ainsi que le lurcher.

CHASSE À VUE

Bien que de nombreux chasseurs à vue soient désormais uniquement utilisés comme chiens de compagnie,

Sloughi

ils furent autrefois élevés pour détecter le moindre mouvement d'une proie afin de la poursuivre, de la capturer et de la tuer.

Ces chiens ont besoin d'une activité physique intense. En général de caractère doux et aimable, même avec les enfants, il sont le plus souvent peu démonstratifs. Certains d'entre eux se montrent bons chiens de garde. Tous ont cependant tendance à poursuivre les petits animaux qui leur filent sous le nez.

Lévrier afghan

GREYHOUND

Capable d'atteindre 60 km/h, l'élégant greyhound est le « fou de vitesse » le plus remarquable de tous les chiens courants. Cet animal particulièrement doux utilise la vue et la célérité pour atteindre sa proie, qu'il s'agisse d'un animal vivant dans la nature ou d'un lapin mécanique sur une piste de course. C'est un compagnon exquis et très confiant ; toutefois, les spécimens retirés de la course ont tendance à poursuivre tout ce qui bouge.

Cou long et musclé recouvert de poils fins

CARTE D'IDENTITÉ

PAYS D'ORIGINE Égypte et Grande-Bretagne

APPARITION DE LA RACE Antiquité

FONCTION PREMIÈRE poursuite du gros gibier

FONCTIONS ACTUELLES chien de course, de compagnie

DURÉE DE VIE 10 à 12 ans

AUTRE NOM lévrier anglais

POIDS 27 à 32 kg

HAUTEUR AU GARROT 69 à 76 cm

BLANC

FAUVE

ROUX

ROUX BRINGÉ

NOIR BRINGÉ

NOIR

UN PEU D'HISTOIRE Une sculpture vieille de 4 900 ans sur une tombe égyptienne confirme l'antiquité de cette race. Exporté en Espagne, en Chine, en Perse et dans d'autres pays, le greyhound fut élaboré jusqu'à sa forme actuelle en Grande-Bretagne. Son nom est un dérivé de l'ancien mot saxon *grei*, qui signifie magnifique.

Tête longue de largeur moyenne, au crâne aplati

Poitrine ample

Membres antérieurs ossus, longs et droits

PETIT LÉVRIER ITALIEN

Miniature parfaite, ce chien de grandes foulées fut le compagnon des pharaons, des empereurs romains, des rois et des reines d'Europe. Délicat, de caractère un peu timide et distant, il se révèle le compagnon idéal des maîtres pointilleux ; ses poils ras, très doux, tombent très peu et ne dégagent pratiquement aucune odeur. Déterminé et plein de ressources, d'humeur décontractée, peu exigeant, ce petit animal aime prendre ses aises. Bien que son corps fin et raffiné soit plutôt fragile, son tempérament agréable est un atout pour la vie en famille.

Queue mince, plantée bas

CARTE D'IDENTITÉ

PAYS D'ORIGINE Italie

APPARITION DE LA RACE Antiquité

FONCTION PREMIÈRE chien de compagnie

FONCTION ACTUELLE chien de compagnie

DURÉE DE VIE 13 à 14 ans

AUTRE NOM piccolo levriero italiano

POIDS 3 à 3,5 kg

HAUTEUR AU GARROT 33 à 38 cm

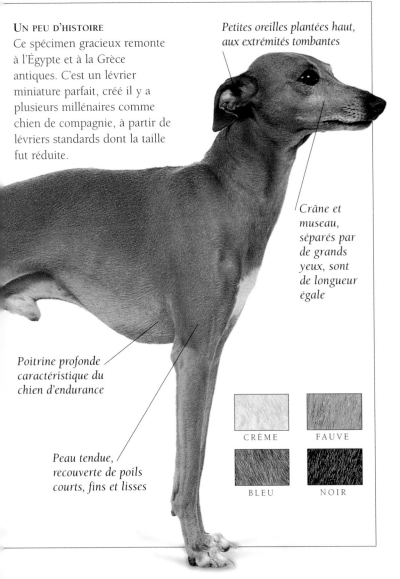

Un peu d'histoire
Ce spécimen gracieux remonte à l'Égypte et à la Grèce antiques. C'est un lévrier miniature parfait, créé il y a plusieurs millénaires comme chien de compagnie, à partir de lévriers standards dont la taille fut réduite.

Petites oreilles plantées haut, aux extrémités tombantes

Crâne et museau, séparés par de grands yeux, sont de longueur égale

Poitrine profonde caractéristique du chien d'endurance

Peau tendue, recouverte de poils courts, fins et lisses

CRÈME

FAUVE

BLEU

NOIR

WHIPPET

Le corps aérodynamique du whippet est parfaitement adapté à la course. Sur de courtes distances, il est capable d'atteindre 65 km/h. Bien que ce chien ait un aspect délicat et qu'il apprécie les siestes sur les canapés, il se transforme, dans la nature, en un excellent chasseur, téméraire et résistant. Son pelage requiert un minimum d'entretien, mais sa peau fine se déchire facilement. Paisible, affectueux et fidèle, il se montre très doux avec les enfants et témoigne d'une longévité appréciable.

Yeux marron, vifs et brillants, au regard calme et réservé

TOUTES LES COULEURS

CARTE D'IDENTITÉ

PAYS D'ORIGINE Grande-Bretagne

APPARITION DE LA RACE XIXᵉ siècle

FONCTION PREMIÈRE chien de course

FONCTIONS ACTUELLES chien de course, de compagnie

DURÉE DE VIE 13 à 14 ans

POIDS 12,5 à 13,5 kg

HAUTEUR AU GARROT 43 à 51 cm

UN PEU D'HISTOIRE Dans les années 1800, la course aux lapins était un sport très apprécié au nord de l'Angleterre. Afin d'améliorer la vitesse des terriers, ces derniers furent croisés avec des greyhounds, ce qui donna naissance aux gracieux whippets actuels.

Tête allongée, qui s'effile jusqu'à la truffe

Membres bien musclés et ossus, couverts d'une peau très fine

LURCHER

Il est très rare de rencontrer des lurchers en dehors de l'Irlande et de la Grande-Bretagne, et ces derniers n'ont jamais fait l'objet d'une sélection en vue de la création d'un standard spécifique. En revanche, le lurcher reste un chien extrêmement courant dans ses îles natives. Il résulte de croisements entre greyhounds et colleys, ou entre greyhounds et terriers. Aujourd'hui, son élevage se fait plus sélectif, afin de préserver ses qualités de chasseur de lapins et de lièvres. Il existe des variétés à poil long et à poil court. Aimable envers les humains, c'est un compagnon affectueux mais qui a besoin de beaucoup d'exercice. Coureur-né, il chasse et tue le petit gibier.

CARTE D'IDENTITÉ

PAYS D'ORIGINE Grande-Bretagne et Irlande

APPARITION DE LA RACE XVIIᵉ siècle

FONCTIONS PREMIÈRES chasse au lièvre, au lapin

FONCTIONS ACTUELLES chien courant, de compagnie

DURÉE DE VIE 13 ans

POIDS 27 à 32 kg

HAUTEUR AU GARROT 69 à 76 cm

COULEURS
VARIÉES

Petites oreilles
à poil dur,
plantées haut

Robe lisse chez
la variété à poil
court ; le sous-poil
s'épaissit en hiver

UN PEU D'HISTOIRE
Élevé en Irlande et
en Grande-Bretagne
par des bohémiens,
le lurcher doit son nom
au mot romani *lur*,
signifiant « voleur ».
Le lurcher à poil court,
principalement issu
des greyhounds et utilisé
pour braconner le lapin
et le lièvre, était
particulièrement
apprécié.

Poitrine
profonde offrant
une capacité
respiratoire
ample

Membres
longs et droits

DEERHOUND

La possession du digne et gracieux lévrier écossais était autrefois réservée aux nobles et cette race fut élaborée pour courir après le daim dans les forêts denses des Highlands. En raison de l'abattage des arbres, au début du XVIIIᵉ siècle, et de l'introduction du fusil, ce chien perdit sa popularité. Aujourd'hui, il est beaucoup plus apprécié en Afrique du Sud qu'en Écosse. Le deerhound ressemble à un greyhound mais il possède un pelage imperméable. Doux et très docile, il s'entend bien avec ses congénères.

*Cou puissant,
bien développé*

*Extrémités compactes
pourvue de courts
poils interdigitaux*

CARTE D'IDENTITÉ

PAYS D'ORIGINE Grande-Bretagne

APPARITION DE LA RACE Moyen Âge

FONCTION PREMIÈRE chasseur de daims

FONCTION ACTUELLE chien de compagnie

DURÉE DE VIE 11 à 12 ans

AUTRE NOM lévrier écossais

POIDS 36 à 45 kg

HAUTEUR AU GARROT 71 à 76 cm

UN PEU D'HISTOIRE Selon certains documents, l'histoire du deerhound, au regard mélancolique, commence au Moyen Âge, époque où les chefs écossais l'utilisaient pour la chasse. En 1746, l'effondrement du système de clans menaça son existence, mais celle-ci fut sauvée par un éleveur local.

FAUVE

ROUX

ROUX BRINGÉ

BLEU-GRIS

GRIS

NOIR BRINGÉ

Pelage du corps plus rude et plus dru que celui du ventre

WOLFHOUND

Utilisé à l'origine par les Celtes pour chasser le loup, ce chien majestueux fut probablement introduit en Irlande par les Romains. Au cours de la seconde moitié du XIXᵉ siècle, la race fut recréée avec succès grâce à l'utilisation d'animaux apparentés à l'ancien wolfhound, chien louvier royal. Affectueux et fidèle, le spécimen actuel, excellent chien de compagnie, est aussi un chien de garde efficace. Toutefois, il s'adapte mal à la vie citadine car il a besoin de beaucoup d'espace.

Pelage rude et hérissé, particulièrement long et rêche sur les yeux et les joues

Pattes musclées aux os solides

CARTE D'IDENTITÉ

PAYS D'ORIGINE Irlande
APPARITION DE LA RACE Antiquité, puis XIXe siècle
FONCTION PREMIÈRE chasseur de loups
FONCTION ACTUELLE chien de compagnie
DURÉE DE VIE 11 ans
AUTRE NOM irish wolfhound
POIDS 40 à 55 kg
HAUTEUR AU GARROT 71 à 90 cm

Cuisses longues et droites, comme celles d'un greyhound

COULEURS VARIÉES

UN PEU D'HISTOIRE Présente en Irlande il y a 2 000 ans, cette race noble disparut presque totalement au milieu des années 1800. Elle fut préservée grâce aux efforts du capitaine G.A. Graham, officier de l'armée britannique.

Corps allongé doté d'une ample poitrine

BARZOÏ

En Russie, le mot *borzoï* désigne les chiens chasseurs à vue, tels que le lévrier afghan, le taïgan, le lévrier russe des steppes méridionales et le chortaï. La taille, la vigueur, la vitesse et la symétrie parfaite du barzoï en ont fait un chasseur hors pair. La chasse au loup, très appréciée des aristocrates russes à l'époque des tsars, permettait au barzoï de se surpasser : aidé d'un congénère, il savait attraper sa proie derrière les oreilles et la faire tomber pour la maintenir prisonnière. Depuis presque un siècle, ce chien est considéré comme un chien domestique. En perdant son intérêt et ses aptitudes pour la chasse, il s'est transformé en un compagnon doux et affectueux pour des maîtres de tous les âges.

TOUTES
LES
COULEURS

Extrémités « de lièvre »,
couvertes de poils courts
et plats

CARTE D'IDENTITÉ

PAYS D'ORIGINE Russie

APPARITION DE LA RACE Moyen Âge

FONCTION PREMIÈRE chasseur de loups

FONCTION ACTUELLE chien de compagnie

DURÉE DE VIE 11 à 13 ans

AUTRE NOM lévrier russe

POIDS 35 à 48 kg

HAUTEUR AU GARROT 69 à 79 cm

UN PEU D'HISTOIRE Élaboré à l'origine pour protéger ses maîtres des attaques de loups, le barzoï est probablement issu du saluki, du greyhound et d'une variété de chien de troupeaux russe, aux lignes élancées.

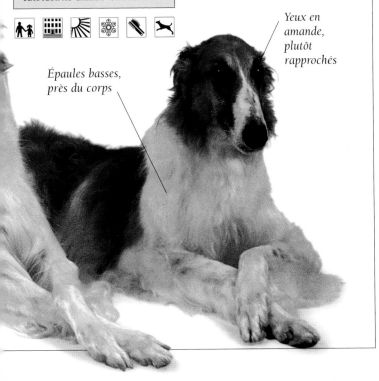

Yeux en amande, plutôt rapprochés

Épaules basses, près du corps

LÉVRIER AFGHAN

Lorsqu'il court, aucun chien ne le surpasse en élégance, en grâce et en beauté. Élaboré en Occident pour son aspect plus que pour une fonction particulière, il est devenu un accessoire de mode somptueux, exhibé dans les expositions canines. En Afghanistan, cet animal sensible est toutefois encore utilisé pour garder les moutons et les chèvres, ainsi que pour chasser le loup et le renard. Sa robe longue et épaisse le protège du froid dans les régions montagneuses du nord. Chez les chiens de compagnie, elle doit être brossée quotidiennement afin d'éviter l'apparition de nœuds. Le lévrier afghan, de caractère très indépendant, exige d'être dressé et éduqué dès le plus jeune âge.

Pelage du cou devenant plus court et plus serré sur le dos

Extrémités larges et fortes recouvertes d'un pelage épais

UN PEU D'HISTOIRE

On ignore comment cette race originaire du Moyen-Orient fut introduite en Afghanistan, où elle existe sous trois formes : chiens à poil court, tel le taïgan kirghize du nord, chiens aux extrémités ornées de longs poils, tel le saluki, chiens à poil épais, tel le véritable chien de montagne introduit en Occident en 1907.

Poitrine ornée de poils longs et très fins

TOUTES LES COULEURS

Queue plantée bas

CARTE D'IDENTITÉ

PAYS D'ORIGINE Afghanistan

APPARITION DE LA RACE Antiquité et XVIIᵉ siècle

FONCTION PREMIÈRE chasseur de gros gibier

FONCTIONS ACTUELLES chien de chasse, de garde, de compagnie

DURÉE DE VIE 12 à 14 ans

AUTRES NOMS afghan, tazi

POIDS 23 à 27 kg

HAUTEUR AU GARROT 64 à 74 cm

SALUKI

Selon les islamistes pratiquants, le chien est un être impur, à l'exception du saluki, qui est autorisé à vivre dans la maison de son maître. Lorsque les Bédouins chassaient, ils utilisaient des faucons dressés pour fondre sur les proies afin de ralentir leur course permettant ainsi au chien de les attraper. À l'origine, les salukis devant participer à une chasse étaient transportés sur les lieux à dos de chameau, afin que leurs pattes fussent protégées du sable brûlant.

CARTE D'IDENTITÉ

PAYS D'ORIGINE Moyen-Orient

APPARITION DE LA RACE Antiquité

FONCTION PREMIÈRE chasseur de gazelles

FONCTIONS ACTUELLES chasse au lièvre, chien de compagnie

DURÉE DE VIE 12 ans

AUTRE NOM lévrier persan

POIDS 14 à 25 kg

HAUTEUR AU GARROT 58 à 71 cm

Oreilles recouvertes de poils très longs

Pattes moins musclées que celles d'un greyhound

BLANC,
CRÈME

ROUX,
DORÉ

NOIR,
OCRE

FAUVE

TRICOLORE

UN PEU D'HISTOIRE Le saluki ressemble beaucoup aux chiens représentés sur des tombes de pharaons égyptiens. Il en existe plusieurs variétés selon les pays où il est élevé. Cette race fut peut-être la toute première a avoir fait l'objet d'une sélection artificielle.

Ossature longue, droite et effilée, couverte d'une peau fine

Poitrine ample conférant une grande endurance

SLOUGHI

À l'instar du saluki, le sloughi était, dans son pays d'origine, considéré comme un membre de la famille. Sa mort donnait lieu à des funérailles. Son aspect et son comportement sont très proches du saluki. Le sloughi possède un pelage court et doux dont la couleur peut varier selon toutes les nuances de sable et de fauve, offrant un camouflage idéal pour chasser les animaux du désert, tels que les gazelles, les lièvres et les fennecs. Naturellement vigilant, il peut se montrer agressif envers les étrangers et a des difficultés à vivre avec des enfants, car le calme est nécessaire à son bonheur.

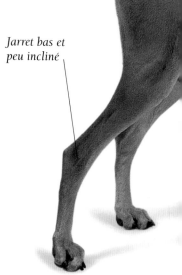

Jarret bas et peu incliné

CARTE D'IDENTITÉ

PAYS D'ORIGINE Afrique du Nord

APPARITION DE LA RACE Antiquité

FONCTIONS PREMIÈRES chien de chasse, de garde

FONCTION ACTUELLE chien de compagnie

DURÉE DE VIE 12 ans

AUTRE NOM lévrier arabe

POIDS 20 à 27 kg

HAUTEUR AU GARROT 61 à 72 cm

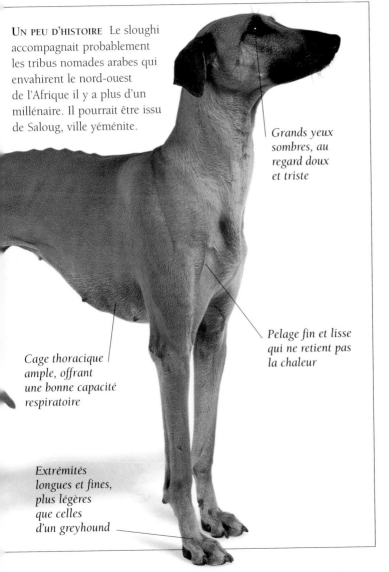

Un peu d'histoire Le sloughi accompagnait probablement les tribus nomades arabes qui envahirent le nord-ouest de l'Afrique il y a plus d'un millénaire. Il pourrait être issu de Saloug, ville yéménite.

Grands yeux sombres, au regard doux et triste

Pelage fin et lisse qui ne retient pas la chaleur

Cage thoracique ample, offrant une bonne capacité respiratoire

Extrémités longues et fines, plus légères que celles d'un greyhound

CHASSEURS AU FLAIR

A lors que les chasseurs à vue font appel à leurs yeux et à leur vélocité pour bloquer le gibier, les chasseurs au flair utilisent leur nez et leur endurance pour épuiser et acculer leur proie. Le chasseur à vue chasse en silence ; le chasseur au flair aboie ou hurle lorsqu'il décèle la présence d'un animal.

COMPAGNONS DE CHASSE

C'est en France, au Moyen Âge, que furent développées de nombreuses races de chiens chasseurs au flair. Des centaines de meutes, dont certaines comprenaient plus de 1 000 individus, travaillaient dans les parcs et les forêts de France pour le plaisir du roi et de sa cour. Certains de ces chiens étaient à poil lisse ; d'autres, nommés « griffons », arboraient un poil rêche. Des spécimens baptisés « bassets » furent élaborés avec des pattes courtes, afin que les chasseurs puissent les accompagner à pied. La France produisit d'autres grands chiens courants, tels que le grand bleu de Gascogne. Des chiens de chasse plus petits, ou harriers, évoluèrent à la même époque, ainsi que de multiples bassets : basset bleu de Gascogne, basset fauve de Bretagne, grand basset griffon vendéen et petit basset griffon vendéen. Tous les chasseurs au flair subissent un élevage sélectif destiné à développer leur talent de chasseur,

Foxhound américains

non à améliorer leur aspect ou leur morphologie. Le travail commencé en France fut repris et développé en Grande-Bretagne jusqu'à une extrême sophistication, avec la création de races telles que le basset hound, le foxhound, le beagle, l'otterhound et le harrier. Des descendants de ces chiens furent introduits aux États-Unis, constituant une souche à partir de laquelle ont évolué le foxhound américain et pratiquement tous les coonhounds.

Grand basset griffon vendéen

TALENTS PARTICULIERS

En Allemagne, le teckel, chien chasseur au flair (mais essentiellement élevé pour son comportement de terrier), fut croisé avec des chiens hauts sur pattes ; les éleveurs élaborèrent également des chiens pisteurs à froid qui pouvaient retrouver des traces de sang vieilles de plusieurs jours. Les chasseurs suisses accompagnaient en général leurs chiens à pied, ce qui les poussa à produire des races courtes sur pattes. À l'époque de l'Empire austro-hongrois, où les aristocrates chassaient à dos de cheval, les chiens de montagne aux pattes développées prirent

de l'importance. Les éleveurs norvégiens, suédois, finlandais et polonais créèrent un certain nombre de chiens à l'odorat très fin, utilisant des meutes d'Europe centrale et de Russie. Les chasseurs au flair, propriété de la noblesse, existaient surtout en Europe.

Grand bleu de Gascogne

TRAVAILLEURS AVANT TOUT

L'odorat des chasseurs au flair est proprement phénoménal. Ils travaillent avec une concentration stupéfiante. Leurs oreilles, en général longues et tombantes, créent des courants d'air qui les aident à déceler des odeurs, à l'instar de leurs lèvres humides et pendantes. Très sociables et aimant les enfants, ces chiens s'entendent bien avec leurs congénères.

SAINT-HUBERT

De nombreuses races réparties à travers le monde, telles que les coonhounds américains, les chiens du Jura suisse, le mastiff brésilien, le chien rouge de Bavière, remontent à ce chien chasseur au flair. Tous les saint-hubert sont noir et feu ou roux, mais au Moyen Âge ils arboraient d'autres couleurs unies. Le spécimen blanc, qui exista dans l'Europe médiévale, fut baptisée « chien de Talbot » ; au XVIIe siècle, il disparut, bien que les gènes de la couleur blanche aient survécu chez des chiens aussi différents que le boxer ou le basset hound tricolore. Le saint-hubert aime chasser, plutôt que tuer. Il adore suivre une piste, ce qui lui servit autrefois à retrouver des animaux égarés, des esclaves enfuis, des criminels évadés ou des enfants perdus. Aujourd'hui, ce chien pesant, à la voix sonore et au tempérament affable, sert de chasseur et de compagnon. Il est toutefois difficile à dresser.

La lèvre inférieure tombe à 5 cm au-dessous de la mâchoire inférieure

UN PEU D'HISTOIRE Pendant plusieurs siècles, les moines du monastère belge de Saint-Hubert élevèrent des chiens superbes. À la même époque, des chiens pratiquement identiques furent élevés en Grande-Bretagne. On suppose que des spécimens des deux races accompagnaient les croisés lorsqu'ils rentrèrent en Europe.

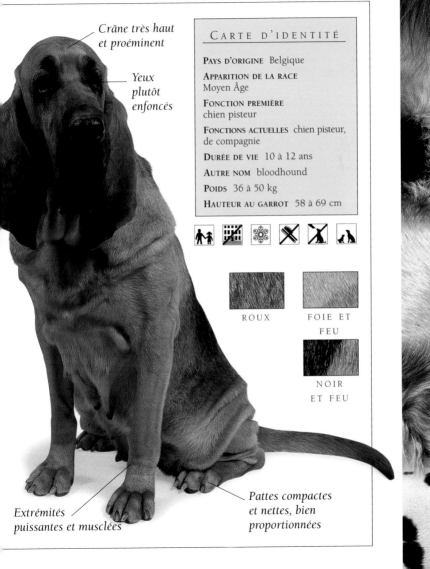

*Crâne très haut
et proéminent*

*Yeux
plutôt
enfoncés*

CARTE D'IDENTITÉ

PAYS D'ORIGINE Belgique

APPARITION DE LA RACE
Moyen Âge

FONCTION PREMIÈRE
chien pisteur

FONCTIONS ACTUELLES chien pisteur,
de compagnie

DURÉE DE VIE 10 à 12 ans

AUTRE NOM bloodhound

POIDS 36 à 50 kg

HAUTEUR AU GARROT 58 à 69 cm

ROUX

FOIE ET
FEU

NOIR
ET FEU

*Pattes compactes
et nettes, bien
proportionnées*

*Extrémités
puissantes et musclées*

BASSET HOUND

S ouvent têtu, mais habituellement doux et affectueux, ce
basset fut autrefois un chien de chasse exceptionnel.
Ses oreilles pendantes lui servaient à balayer l'air pour mieux
percevoir les odeurs. Aujourd'hui, certains spécimens,
à l'ossature plus légère et aux pattes
un peu plus longues, participent à
des *field trials* (parcours d'épreuves),
mais le basset hound typique,
au corps allongé, reste lourd et lent.
Cette race fait les délices
des caricaturistes et
des publicitaires.

*Oreilles longues,
plantées bas*

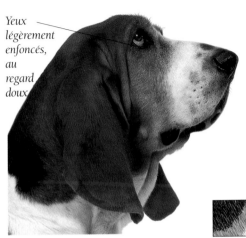

Yeux légèrement enfoncés, au regard doux

UN PEU D'HISTOIRE

Le basset hound est peut-être issu de saint-hubert « nains ». Bien que cette race ait été élaborée en France, elle est aujourd'hui très populaire en Grande-Bretagne et aux États-Unis.

TRICOLORE | CITRON ET BLANC

Jarrets droits, pieds nettement orienté vers l'avant

Queue épaisse portée avec une courbe légère

CARTE D'IDENTITÉ

PAYS D'ORIGINE France

APPARITION DE LA RACE XVIe siècle

FONCTIONS PREMIÈRES chasseur de lièvres, de lapins

FONCTIONS ACTUELLES chien de chasse, de compagnie

DURÉE DE VIE 12 ans

POIDS 18 à 27 kg

HAUTEUR AU GARROT 33 à 38 cm

GRAND BLEU DE GASCOGNE

Issu du sud-ouest de la France, région chaude et sèche, ce chien est plus représenté aux États-Unis, où il fait l'objet d'un élevage depuis le XVIIIe siècle, que dans son pays d'origine. Des deux côtés de l'Atlantique, l'élégant et majestueux grand bleu est essentiellement utilisé comme chasseur au flair. S'il n'est pas particulièrement rapide, c'est un coureur de fond exceptionnel. Le nombre d'individus a décliné, en France, avec la disparition des loups. Il y a un siècle, les grands bleus que l'on montrait dans les expositions avaient une grande partie du corps de couleur noire.

Yeux châtain foncé, au regard doux et triste

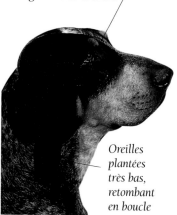

Oreilles plantées très bas, retombant en boucle

Carte d'identité

PAYS D'ORIGINE France

APPARITION DE LA RACE Moyen Âge

FONCTIONS PREMIÈRES chasseur de daims, de loups, de sangliers

FONCTION ACTUELLE chien de chasse, parfois en meute

DURÉE DE VIE 12 à 14 ans

POIDS 32 à 35 kg

HAUTEUR AU GARROT 62 à 72 cm

UN PEU D'HISTOIRE Le grand bleu
de Gascogne est peut-être issu
de chiens de course introduits
en France par des marchands
phéniciens. Cette race, probablement
l'une des plus anciennes, garde
le mystère de
ses origines.

Extrémités
ovales
« de loup »,
ornées de
doigts fins

Antérieurs bien
musclés soutenant
des épaules massives

BASSET BLEU DE GASCOGNE

On ne connaît pas l'origine du basset bleu ; certains pensent qu'il est issu d'une mutation chez des grands bleus au XIXe siècle. Doté d'un museau fin, d'un odorat très développé et d'une belle voix, ce spécimen est un excellent chien de chasse et notamment un très bon pisteur de gibier à plumes et à poil. Toutefois, il est sensible au froid en raison de son pelage court. C'est un remarquable chien de garde et de compagnie.

Carte d'identité

PAYS D'ORIGINE France

APPARITION DE LA RACE Moyen Âge et XIXe siècle

FONCTION PREMIÈRE chien de chasse

FONCTIONS ACTUELLES chien de chasse, de compagnie

DURÉE DE VIE 12 à 13 ans

POIDS 16 à 18 kg

HAUTEUR AU GARROT 34 à 42 cm

Oreilles longues et minces, au pli léger, de même longueur que le museau

Jambes raccourcies, modérant l'allure

*Front allongé,
légèrement bombé ;
marques toujours
symétriques*

UN PEU D'HISTOIRE Selon certains
spécialistes, cette race ne serait
pas née dans le sud-est de la
France. Les bassets bleus actuels
sont issus d'une recréation de
la race originale par un éleveur
français, Alain Bourbon.

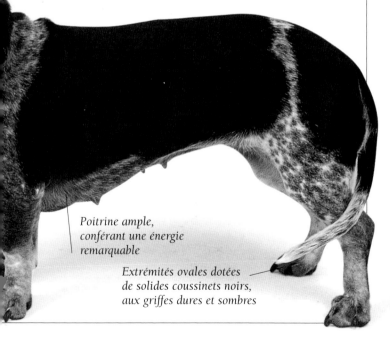

*Poitrine ample,
conférant une énergie
remarquable*

*Extrémités ovales dotées
de solides coussinets noirs,
aux griffes dures et sombres*

GRAND BASSET GRIFFON VENDÉEN

Plus haut que les autres bassets, ce spécimen est un beau chien indépendant qui se distingue par un caractère bien trempé. Quoiqu'il puisse se montrer têtu, il est très affectueux et est moins enclin à mordre que la plupart des autres chiens. Il aime travailler seul ou en meute. Lorsqu'il est dressé, il chasse efficacement le lapin et le lièvre, bien qu'il soit également heureux de vivre en ville.

CARTE D'IDENTITÉ

PAYS D'ORIGINE France

APPARITION DE LA RACE XIXe siècle

FONCTION PREMIÈRE chasseur de lièvres

FONCTIONS ACTUELLES chien de chasse, de compagnie

DURÉE DE VIE 12 ans

POIDS 18 à 20 kg

HAUTEUR AU GARROT 38 à 42 cm

Oreilles ramenées jusqu'à la truffe lorsque le chien piste une proie

Épaules droites et fines, bien musclées, soutenues par des membres solides

BLANC

GRIS

TRICOLORE

FEU ET
BLANC

BLANC ET
NOIR

UN PEU D'HISTOIRE Cette race
fut élaborée par un éleveur
français, Paul Desamy. Elle fut
officiellement reconnue au
milieu des années 1940.

*Cou long et robuste
qui s'épaissit jusqu'aux
épaules*

*Extrémités nettes
permettant une
marche aisée*

PETIT BASSET GRIFFON VENDÉEN

Spécimen le plus populaire de tous les griffons vendéens, le petit basset a conquis l'affection des éleveurs et des maîtres du monde entier, en particulier en Grande-Bretagne et aux États-Unis. Véritable basset par la taille, ce chien vif et enthousiaste, au corps très allongé, se montre toutefois très entreprenant et vigoureux ; les mâles ont tendance à se bagarrer pour établir leur domination. Ce chien se plaît particulièrement dans les climats froids et secs.

BLANC

TRICOLORE

ORANGE ET BLANC

CARTE D'IDENTITÉ

PAYS D'ORIGINE France

APPARITION DE LA RACE XVIIIe siècle

FONCTION PREMIÈRE chasseur de lièvres

FONCTIONS ACTUELLES chien de chasse, de compagnie

DURÉE DE VIE 12 ans

POIDS 14 à 18 kg

HAUTEUR AU GARROT 34 à 38 cm

UN PEU D'HISTOIRE
Le petit basset est issu de Vendée. En 1947, ses caractéristiques furent établies par Abel Desamy, éleveur français.

Grands yeux foncés

Poitrine aussi ample que celle d'un grand basset

Pattes courtes, droites et solides

Basset fauve de Bretagne

Basset typique, au corps allongé et aux pattes courtes, le basset fauve ne possède ni le pelage doux du basset hound ni la robe épaisse et hérissée du griffon vendéen, mais plutôt une fourrure dure et drue. Chien tenace et persévérant, il sait à la fois pister et lever le gibier et se sent très à l'aise sur des terrains accidentés. La tradition voulait que ce spécimen travaillât par équipes de quatre individus, mais aujourd'hui il chasse seul ou avec un unique congénère. Vif et têtu, il se montre plus difficile à dresser que son parent, le griffon fauve, autrefois utilisé en Grande-Bretagne pour la chasse au loup. Bien qu'il se révèle un chien de compagnie appréciable, il a besoin d'activité physique.

CARTE D'IDENTITÉ

PAYS D'ORIGINE France

APPARITION DE LA RACE XIXe siècle

FONCTION PREMIÈRE chasseur de petit gibier

FONCTIONS ACTUELLES chien de chasse, de compagnie

DURÉE DE VIE 12 à 14 ans

POIDS 16 à 18 kg

HAUTEUR AU GARROT 32 à 38 cm

FAUVE

ROUX

Pelage fauve et rêche

Queue épaisse, bien proportionnée

UN PEU D'HISTOIRE Issu d'un croisement entre le griffon fauve de Bretagne avec des chiens de chasse vendéens à courtes pattes, le basset fauve de Bretagne se rencontre rarement hors de France, sauf en Grande-Bretagne, où il est apprécié par de nombreux éleveurs.

Oreilles plantées bas, au-dessous du niveau des yeux

Ossature raccourcie

FOXHOUND

Une belle voix, un nez fin, une constitution solide et une appréciable faculté à s'entendre avec ses congénères constituent les caractéristiques typiques du foxhound anglais. Autrefois, les spécimens du Yorkshire étaient les plus rapides, tandis que ceux du Staffordshire étaient plus grands, plus lents et dotés d'une voix plus rauque. Aujourd'hui, la plupart des foxhounds anglais présentent un aspect et un tempérament similaires. Rarement considérés comme des chiens domestiques, ces animaux se montrent pourtant d'excellents compagnons et de très bon chiens de garde grâce à leur nature attentive et à leur voix impressionnante. Ils sont doux, affectueux et de caractère égal, mais difficiles à dresser.

CARTE D'IDENTITÉ

PAYS D'ORIGINE Grande-Bretagne

APPARITION DE LA RACE XVe siècle

FONCTION PREMIÈRE chasse au renard

FONCTION ACTUELLE chasse au renard

DURÉE DE VIE 11 ans

POIDS 25 à 34 kg

HAUTEUR AU GARROT 58 à 69 cm

UN PEU D'HISTOIRE Au XIVe siècle, en Grande-Bretagne, la chasse au renard devint populaire, suscitant une demande pour des chiens rapides. Les foxhounds furent créés grâce à des croisements entre chiens français et anglais solides, fins et rapides.

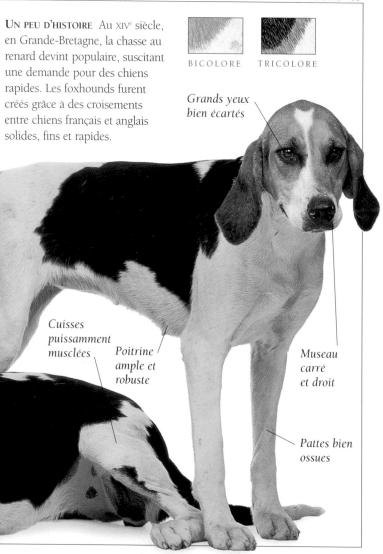

BICOLORE   TRICOLORE

Grands yeux bien écartés

Cuisses puissamment musclées

Poitrine ample et robuste

Museau carré et droit

Pattes bien ossues

BEAGLE-HARRIER

Des documents historiques témoignent de l'existence d'une meute de harriers anglais, la meute Penistone, dès 1260, au sud-ouest de l'Angleterre ; ils indiquent également que ce chien était très apprécié au pays de Galles. Au XXe siècle, toutefois, la race était en voie d'extinction dans son pays d'origine. Elle connut une renaissance grâce à l'introduction de lignées de foxhounds. Le harrier d'aujourd'hui est un mélange réussi des caractères du foxhound et du beagle. Ce chien qui s'entend bien avec ses congénères est un excellent compagnon. Sa taille, légèrement inférieure à celle d'un foxhound, le promet à un avenir de chien domestique.

La lèvre supérieure déborde sur la mâchoire inférieure

Extrémités compactes

Un peu d'histoire Le harrier, élaboré au sud-ouest de l'Angleterre il y a au moins 800 ans, est probablement issu d'un croisement entre le saint-hubert et les ancêtres du beagle actuel. Son nom dérive peut-être du mot *hare*, « lièvre » en anglais. Aujourd'hui, cette race est bien présente en Grande-Bretagne et aux États-Unis.

Robe courte et plate

COULEURS
VARIÉES

Tête expressive, un peu moins large que celle d'un beagle

CARTE D'IDENTITÉ

Pays d'origine Grande-Bretagne

Apparition de la race Moyen Âge

Fonction première chasse au lièvre

Fonctions actuelles chasseur de lièvres, de renards, chien de compagnie

Durée de vie 11 à 12 ans

Poids 22 à 27 kg

Hauteur au garrot 46 à 56 cm

OTTERHOUND

En Grande-Bretagne, furent élaborées plusieurs races de chiens de chasse, chacune destinée à un type de gibier particulier : le foxhound, pour la chasse au renard, le harrier, pour la chasse au lièvre, et le saint-hubert pour la chasse au sanglier. L'otterhound fut créé pour pouvoir nager dans les eaux les plus froides, afin de poursuivre les loutres jusqu'à leur repaire. Ces dernières n'étant plus considérées comme nuisibles, il ne travaille plus. L'otterhound est doté d'un tempérament joyeux, il apprécie la compagnie des humains et se montre doux envers les enfants et les autres animaux. Il fait parfois preuve d'une indépendance butée.

Arrière-tra
puissamme
musclé

CARTE D'IDENTITÉ

PAYS D'ORIGINE Grande-Bretagne

APPARITION DE LA RACE Antiquité

FONCTION PREMIÈRE chasseur de loutres

FONCTION ACTUELLE chien de compagnie

DURÉE DE VIE 12 ans

POIDS 30 à 55 kg

HAUTEUR AU GARROT 58 à 69 cm

TOUTES LES
COULEURS
DE CHIENS
COURANTS

Dos long, solide,
légèrement bombé,
recouvert d'un
pelage double,
dense et
isolant

Lèvres
relativement
lourdes

Le poil dur et
rêche recouvre un
sous-poil duveteux

UN PEU D'HISTOIRE

L'otterhound descend du
saint-hubert ou est issu d'un
croisement entre de grands
terriers à poil dur, d'anciens
foxhounds et le griffon
nivernais, chien courant à
poil dur et aux longues
pattes, autrefois très présent
au centre de la France.

Extrémités
palmées,
bien adaptées
à la nage

BEAGLE

Bien que le beagle soit un chien indépendant, témoignant d'une forte tendance à vagabonder lorsqu'il est distrait, c'est un compagnon très apprécié en raison de sa nature affectueuse, de sa faible agressivité et de sa voix élégante et harmonieuse. Sa taille et son aspect actuels varient parfois considérablement d'un pays à l'autre – certains Kennel Clubs résolvent ce problème en répertoriant différentes variétés. À une époque, en Grande-Bretagne, des chasseurs à cheval transportaient ce chien dans leurs sacoches.

CARTE D'IDENTITÉ

PAYS D'ORIGINE Grande-Bretagne

APPARITION DE LA RACE XIVᵉ siècle

FONCTIONS PREMIÈRES chasse au lièvre, au lapin

FONCTIONS ACTUELLES chien de chasse, de *fiels trials,* de compagnie

DURÉE DE VIE 13 ans

AUTRE NOM english beagle

POIDS 8 à 14 kg

HAUTEUR AU GARROT 33 à 41 cm

TOUTES LES COULEURS DE CHIENS COURANTS

Lèvre supérieure bien dessinée et pendante

UN PEU D'HISTOIRE Le beagle est probablement issu de croisements entre le harrier et d'anciens chiens de meute anglais. Les petits chiens courants, accompagnant des chasseurs à pied, existent depuis le XIVᵉ siècle.

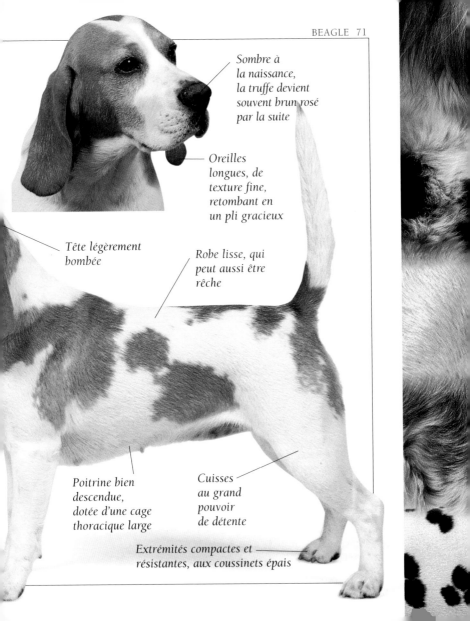

Sombre à la naissance, la truffe devient souvent brun rosé par la suite

Oreilles longues, de texture fine, retombant en un pli gracieux

Tête légèrement bombée

Robe lisse, qui peut aussi être rêche

Poitrine bien descendue, dotée d'une cage thoracique large

Cuisses au grand pouvoir de détente

Extrémités compactes et résistantes, aux coussinets épais

FOXHOUND AMÉRICAIN

Le foxhound américain est plus grand et d'ossature plus légère que son homologue européen. Pourtant, au XXe siècle, du sang européen a été introduit dans la race. Lorsque ce chien travaille, il tend à adopter un comportement individuel, même au sein d'un groupe, chaque animal faisant entendre une voix distincte et se comportant en meneur. Au nord des États-Unis, la chasse au renard se déroule comme en Europe : elle a lieu dans la journée et se termine par la mort du renard.

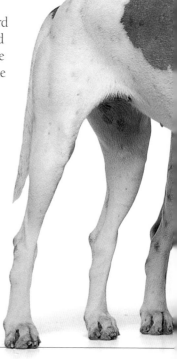

CARTE D'IDENTITÉ

PAYS D'ORIGINE États-Unis

APPARITION DE LA RACE XIXe siècle

FONCTION PREMIÈRE chasse au renard

FONCTIONS ACTUELLES chasse au renard, chien de compagnie

DURÉE DE VIE 11 à 13 ans

POIDS 30 à 34 kg

HAUTEUR AU GARROT 53 à 64 cm

TOUTES
LES
COULEURS

Lèvre supérieure qui recouvre la mâchoire inférieure

Tête plutôt allongée, au crâne légèrement bombé

UN PEU D'HISTOIRE

La première meute de foxhounds anglais fut introduite aux États-Unis par les Britanniques en 1650. Des chiens courants tel le kerry beagle ainsi que des chiens de meute français furent associés pour créer le spécimen actuel, élancé et rapide.

COONHOUND NOIR ET FEU

Les coonhounds américains font partie des races les plus spécialisées du monde. La sélection dont ils ont fait l'objet a développé chez eux un instinct particulier : ils suivent la trace d'un raton laveur ou d'un opossum, le forçant à se réfugier dans un arbre. Lorsque la proie est acculée, le chien reste au pied de l'arbre, aboyant jusqu'à l'arrivée du chasseur. Le coonhound noir et feu est la variété la plus courante de cette race.

CARTE D'IDENTITÉ

PAYS D'ORIGINE États-Unis

APPARITION DE LA RACE XVIIIe siècle

FONCTION PREMIÈRE chasse au raton laveur

FONCTION ACTUELLE chasse au raton laveur

DURÉE DE VIE 11 à 12 ans

AUTRE NOM american black-and-tan coonhound

POIDS 23 à 34 kg

HAUTEUR AU GARROT 58 à 69 cm

Oreilles plantées en arrière, retombant gracieusement

Membres longs et puissants, adaptés à la course et à la nage

Un peu d'histoire Il compte parmi ses ancêtres le saint-hubert, le kerry beagle et des foxhounds, en particulier le foxhound de Virginie, chien du XVIIIe siècle. Cette race pourrait également être issue du chien de talbot, variété blanche de saint-hubert.

Marques feu au-dessus des yeux

Poitrine profonde permettant une bonne endurance physique

Race sujette à la dysplasie de la hanche, malformation de l'articulation

PLOTT HOUND

Considéré comme le plus robuste des coonhounds, ce grand chien grégaire est élevé depuis presque 250 ans par des membres de la famille Plott pour chasser les ratons laveurs et les ours dans les grandes montagnes de l'est des États-Unis. Le plott est doté d'une voix surprenante, perçante et aiguë, très différente de l'aboiement sonore des autres coonhounds. À la fois élancé et très musclé, il possède une endurance lui permettant de travailler toute la journée et même une partie de la nuit. Ce chien, que l'on rencontre rarement hors des États du sud, ne sert presque jamais uniquement d'animal de compagnie.

Longue queue tenue droite quand le chien est sur le qui-vive

Cuisses minces aux muscles puissants

CARTE D'IDENTITÉ

PAYS D'ORIGINE États-Unis

APPARITION DE LA RACE XVIIIe siècle

FONCTION PREMIÈRE chasse à l'ours

FONCTIONS ACTUELLES chien de chasse, de compagnie

DURÉE DE VIE 12 à 13 ans

POIDS 20 à 25 kg

HAUTEUR AU GARROT 51 à 61 cm

UN PEU D'HISTOIRE C'est le seul chien de meute américain sans ancêtres britanniques : il descend de chiens courant allemands, introduits en Caroline du Nord vers 1750 par la famille Plott.

Oreilles retombant en un pli léger

Épaules fortes ; le dos s'effile de la base du cou à la croupe

Robe courte, aux poils épais, denses et luisants

Poitrine ample, typique des coonhounds américains

BLEU

NOIR BRINGÉ

Extrémités épaisses aux doigts palmés

HAMILTONSTÖVARE

S auf en Grande-Bretagne, où il est à la fois un chien d'expositions canines et un chien courant apprécié, le beau hamiltonstövare est pratiquement inconnu hors de Scandinavie. Appartenant à l'une des dix races les plus populaires de Suède, c'est un chasseur solitaire, plutôt qu'un chien de meute, qui se montre capable de sentir, de pister et de lever le gibier. Il possède l'aboiement typique des chiens courants qui trouvent une proie blessée.

CARTE D'IDENTITÉ

PAYS D'ORIGINE Suède

APPARITION DE LA RACE XIXᵉ siècle

FONCTION PREMIÈRE poursuite du gibier

FONCTIONS ACTUELLES chien de chasse, de compagnie

DURÉE DE VIE 12 à 13 ans

POIDS 23 à 27 kg

HAUTEUR AU GARROT 51 à 61 cm

Cou long et puissant qui se fond dans les épaules

UN PEU D'HISTOIRE Créé
par Adolf Patrick Hamilton,
fondateur du Kennel Club
suédois, qui effectua des
croisements entre des variétés
de beagles allemands, des foxhounds anglais et des chiens
de meute suédois, le chien
de Hamilton fut exposé pour
la première fois en 1886.

*Yeux bruns
au regard
paisible*

*Poil dru et dense,
recouvrant un sous-
poil doux*

*Queue
épaisse
à la racine,
s'effilant
jusqu'à
la pointe*

CHIEN COURANT ITALIEN

Les origines du segugio italiano, race particulièrement belle, sont révélées par son aspect : il possède les longues pattes d'un chasseur à vue et le museau d'un chasseur au flair. À la Renaissance italienne, sa beauté en fit un compagnon recherché. Aujourd'hui, c'est un chien de chasse très apprécié à travers toute l'Italie. Comme le saint-hubert, il est doté d'un flair exceptionnel. Toutefois, au contraire de son congénère, il est également intéressé par la capture et l'extermination des proies.

CARTE D'IDENTITÉ

PAYS D'ORIGINE Italie

APPARITION DE LA RACE Antiquité

FONCTION PREMIÈRE chien de chasse

FONCTIONS ACTUELLES chien de chasse, de compagnie

DURÉE DE VIE 12 à 13 ans

AUTRE NOM segugio italiano

POIDS 18 à 28 kg

HAUTEUR AU GARROT 52 à 58 cm

UN PEU D'HISTOIRE
Des objets de l'Antiquité égyptienne attestent que le segugio est très proche des chiens courants de l'époque des pharaons. Des croisements avec des lignées de mastiffs ont augmenté la corpulence de ce spécimen.

Grands yeux sombres
et lumineux

Oreilles pendantes
spectaculaires, plantées
juste au-dessous de
la ligne des yeux

FAUVE

NOIR ET
FEU

Robe courte,
compacte et
luisante

Extrémités ovales,
comme celles d'un
lièvre, recouvertes
de poils courts et
denses

Chien rouge de Bavière

Compagnon des gardes forestiers d'Allemagne et des Républiques tchèque et slovaque, ce spécimen est particulièrement réputé pour son odorat très subtil. Il travaille en général seul avec son maître, et vient à la rescousse lorsque des chiens au flair moins développé que le sien ont perdu la trace d'une proie blessée – selon le code d'honneur du chasseur d'Europe centrale, aucun animal ne doit être abandonné à l'agonie.

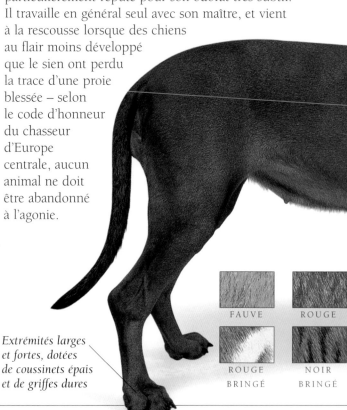

FAUVE

ROUGE

ROUGE BRINGÉ

NOIR BRINGÉ

Extrémités larges et fortes, dotées de coussinets épais et de griffes dures

UN PEU D'HISTOIRE

Ce petit chien agile savait retrouver les daims blessés dans les montagnes de Bavière. Il est le produit d'un croisement entre le chien rouge de Hanovre, race allemande plus grande, et des chiens courants bavarois à pattes courtes.

Le pelage, court et épais, s'affine sur la tête

Oreilles longues et pendantes et yeux noisette au regard doux

Corps puissant et bien musclé

CARTE D'IDENTITÉ

PAYS D'ORIGINE Allemagne

APPARITION DE LA RACE XIXe siècle

FONCTION PREMIÈRE chien pisteur

FONCTIONS ACTUELLES chien de chasse, de compagnie

DURÉE DE VIE 12 ans

AUTRE NOM bayerischer gebirgsschweisshund

POIDS 25 à 35 kg

HAUTEUR AU GARROT 50,5 à 51,5 cm

RHODESIAN RIDGEBACK

Le standard de ce chien robuste fut créé lors d'une réunion d'éleveurs à Bulawayo, au Zimbabwe, en 1922. Les meilleurs attributs de cinq chiens existants furent combinés : le produit de cette sélection fut alors emmené au « pays des lions », la Rhodésie. Contrairement à son autre nom, qui signifie « chasseur de lions africain », ce chien ne fut jamais utilisé pour la chasse au lion. Il se comportait comme un chasseur ordinaire, suivant la trace du gros gibier et aboyant pour attirer l'attention de son maître, mais sa taille élevée et sa force brutale lui permettaient de se défendre contre les bêtes agressives. C'est un chien loyal et affectueux.

CARTE D'IDENTITÉ

PAYS D'ORIGINE Afrique du Sud

APPARITION DE LA RACE XIXe siècle

FONCTION PREMIÈRE chien de chasse

FONCTIONS ACTUELLES chien de surveillance, de compagnie

DURÉE DE VIE 12 ans

AUTRE NOM african lion hound

POIDS 30 à 39 kg

HAUTEUR AU GARROT 61 à 69 cm

UN PEU D'HISTOIRE Les Hottentots d'Afrique méridionale élevaient des chiens pourvus d'une « crête » de poils poussant à contresens au milieu du dos *(ridgebacked)*. Au XIXᵉ siècle, des colons européens croisèrent leurs mastiffs hollandais ou allemands avec des ridgebacks indigènes afin d'obtenir la race actuelle.

Tête moyennement allongée, plate et large entre les oreilles

Le poil du dos est orienté vers l'avant

Cou puissant, qui se fond dans des épaules nettes et musclées

Pelage court, dense, lisse et brillant ; sous des climats froids, apparition d'un sous-poil épais

Doigts bien bombés, ornés de coussinets ronds et souples, très résistants

CHIENS DE TYPE SPITZ

Dans l'histoire des relations entre les humains et les chiens, les spécimens de type spitz ont joué un rôle immense. Nombre des tribus qui peuplaient les régions de l'Arctique, constituées actuellement de l'Alaska, de la Scandinavie, du nord de la Russie et du Canada, n'auraient pas survécu sans eux.

Spitz allemands

ORIGINES INCERTAINES

L'origine des chiens de type spitz reste sujette à conjectures. Aucun témoignage archéologique n'a révélé les étapes transitoires entre le loup des régions nordiques et les races actuelles de chiens de type spitz, aux muscles puissants, aux oreilles réduites, ornés d'un épais manteau et d'une queue portée en boucle. Des morceaux de squelettes laissent supposer que les chiens parias (vivant des déchets de tribus anciennes) se déplacèrent vers le nord et s'accouplèrent avec des loups plus grands et plus robustes des régions subpolaires. Il est indéniable que du sang de loup a été injecté dans ces races, produisant les chiens de type spitz d'aujourd'hui.

MIGRATIONS CANINES

Il y a plusieurs millénaires, des descendants de chiens croisés avec des loups nordiques se répandirent en Amérique du Nord, en Europe et en Asie. En Amérique du Nord, des races telles que le malamute restèrent au-dessus du cercle polaire arctique, tandis qu'en Europe les chiens de type spitz se déplacèrent vers le sud. Des ossements datant de plus de 2 000 ans révèlent que ces animaux existent en Europe depuis plusieurs millénaires. Ils ont produit à eux seuls les diverses variétés de spitz allemands, le keeshond hollandais et le shipperke belge. Peut-être sont-ils aussi à l'origine de races plus petites telles que le loulou de Poméranie. D'autres chiens de ce type atteignirent la Chine et la Corée, donnant

naissance à des spécimens tels que
le chow-chow. Les chiens introduits
au Japon participèrent à l'élaboration
de l'akita-inu et du shiba-inu.

DES TRAVAILLEURS PRÉCIEUX

Les chiens de type spitz, vifs et
élégants, furent élaborés pour être
chiens de chasse, de troupeaux et
de traîneaux. Les races les plus
puissantes et les plus endurantes
furent employées pour la chasse
du gros gibier. En Scandinavie et au
Japon, de plus petits chiens furent
utilisés pour chasser des mammifères
et des oiseaux – de ces races sont
issus le lundehund et le spitz
finlandais. Parmi les chiens d'attelage,
citons l'esquimau, le malamute, le
samoyède et l'husky sibérien.

Malamute

CARACTÉRISTIQUES PHYSIQUES

L'anatomie des chiens de type spitz
est bien adaptée aux climats rigoureux
subarctiques : robe dense, isolante
et imperméable ; oreilles dont la petite
taille réduit la perte de chaleur et
le risque de gel ; fourrure interdigitale
épaisse, protégeant de la glace
coupante. Ces chiens
au museau bien dessiné,
dont la conformation
reste proche de celle
du loup nordique,
arborent une superbe
fourrure qui leur
confère un aspect
sauvage. Parfois peu
obéissants, ils ont
besoin d'un dressage
intensif.

Chow-chow

MALAMUTE D'ALASKA

Bien qu'il ait l'aspect d'un loup, le malamute d'Alaska est un chien affectueux. Peu démonstratif, il joue cependant avec enthousiasme avec les humains ou les congénères familiers. C'est un chien puissant, doté d'une poitrine profonde et d'une énergie exceptionnelle. Lorsque Jack London, dans ses romans dont l'intrigue se situait dans le grand Nord, mentionnait la force des huskies, il décrivait sans doute le malamute. Chien domestique très apprécié au Canada et aux États-Unis, il a besoin de beaucoup d'activité et excelle dans les compétitions de courses de traîneaux.

UN PEU D'HISTOIRE

Baptisé « malhmut », du nom d'une tribu de l'Alaska occidental, ce chien fut utilisé comme animal de trait bien avant l'arrivée des Européens en Amérique.

CARTE D'IDENTITÉ

PAYS D'ORIGINE États-Unis
APPARITION DE LA RACE Antiquité
FONCTIONS PREMIÈRES chien de chasse, d'attelage
FONCTIONS ACTUELLES chien d'attelage, de courses de traîneaux, chien de compagnie
DURÉE DE VIE 12 ans
AUTRE NOM alaskan malamute
POIDS 39 à 56 kg
HAUTEUR AU GARROT 58 à 71 cm

Pattes ossues, puissamment musclées, parfaites pour un chien de traîneau

Les femelles sont beaucoup plus petites que les mâles

Yeux en amande, alertes, affectueux et malins

Oreilles petites et velues, conservant la chaleur du corps

Pelage dense, parfois responsable, chez cette race, de coups de chaleur

ESQUIMAU

L'esquimau mange, travaille, chahute et se défend avec une énergie égale. Ce chien indépendant doit sentir une autorité ferme et régulière chez ses maîtres, qui doivent notamment lui apprendre à les respecter. Ayant un instinct de meute très développé, il se querelle facilement pour la place de chef et fouille les lieux susceptibles de lui fournir de la nourriture. Il dévore également d'autres animaux. Il est capable de s'habituer à vivre auprès des hommes et de se conduire envers eux avec affection, mais il est surtout adapté au travail.

Yeux bien plantés, au regard franc et ouvert

Tête de « loup », bien découpée

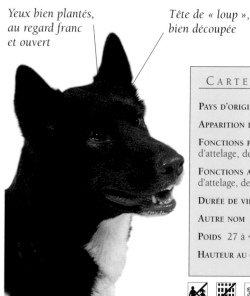

CARTE D'IDENTITÉ

PAYS D'ORIGINE Canada

APPARITION DE LA RACE Antiquité

FONCTIONS PREMIÈRES chien de bât, d'attelage, de courses de traîneaux

FONCTIONS ACTUELLES chien d'attelage, de courses de traîneaux

DURÉE DE VIE 12-13 ans

AUTRE NOM american husky

POIDS 27 à 48 kg

HAUTEUR AU GARROT 51 à 59 cm

UN PEU D'HISTOIRE Depuis des millénaires, l'esquimau a représenté le seul moyen de transport des Inuits vivant au-dessus de la baie de l'Hudson, au nord-ouest du Canada. Il est resté primitif et distant.

TOUTES LES COULEURS

Pelage dense protégeant l'animal des températures au-dessous de zéro

Queue enroulée, typique des spitz

HUSKY SIBÉRIEN

Plus petit et plus léger que les autres chiens de traîneau, l'élégant husky sibérien, agile et athlétique, est un travailleur infatigable. Comme d'autres chiens de type spitz, ce spécimen aboie très rarement, mais il participe, au milieu de ses congénères, à des hurlements collectifs qui évoquent ceux des loups. Il est très populaire au Canada et aux États-Unis. Sa robe existe dans toute une variété de couleurs et ses yeux peuvent être bleus, bruns, noisette ou vairons. Digne et doux, il se révèle un compagnon très agréable.

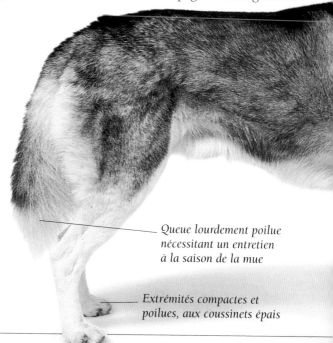

Queue lourdement poilue nécessitant un entretien à la saison de la mue

Extrémités compactes et poilues, aux coussinets épais

Oreilles triangulaires, bien parallèles lorsque le chien est en alerte

TOUTES
LES
COULEURS

Ce genre de marques est typique du husky sibérien

Pattes ossues, droites et musclées

UN PEU D'HISTOIRE

Utilisé comme chien de trait par les Inuits nomades, le husky sibérien fut découvert par des marchands de fourrure du XIXᵉ siècle, et introduit en Amérique du Nord en 1909.

CARTE D'IDENTITÉ

PAYS D'ORIGINE Sibérie

APPARITION DE LA RACE Antiquité

FONCTION PREMIÈRE chien de traîneau .

FONCTIONS ACTUELLES chien de course de traîneaux, de compagnie

DURÉE DE VIE 11 à 13 ans

AUTRE NOM siberian husky

POIDS 16 à 27 kg

HAUTEUR AU GARROT 51 à 60 cm

SAMOYÈDE

À l'origine chasseur et gardien de troupeaux de rennes, ce chien possédait de nombreuses caractéristiques qui ont été transmises au spécimen de la race actuelle. Le samoyède est un animal particulièrement agréable et affectueux. Il adore la compagnie humaine, notamment celle des enfants. C'est un bon chien de garde, dénué d'agressivité. Comme la plupart des races de spitz, il n'obéit pas facilement et nécessite donc un dressage professionnel. Sa magnifique robe blanche réclame un entretien régulier.

UN PEU D'HISTOIRE Le samoyède, courageux et témoignant de grandes facultés d'adaptation, a longtemps accompagné les tribus nomades du même nom, à travers les régions les plus septentrionales d'Asie. Il fut introduit en Occident en 1889. Les éleveurs ont encore amélioré son pelage somptueux.

Queue très longue et imposante

CARTE D'IDENTITÉ

PAYS D'ORIGINE Russie

APPARITION DE LA RACE Antiquité ou XVIIᵉ siècle ?

FONCTION PREMIÈRE gardien de troupeaux de rennes

FONCTION ACTUELLE chien de compagnie

DURÉE DE VIE 12 ans

AUTRE NOM samoiedskaïa sabaka

POIDS 23 à 30 kg

HAUTEUR AU GARROT 46 à 56 cm

Petites oreilles
bien écartées

Yeux enfoncés
et sombres,
offrant un
contraste
frappant avec
la blancheur
du poil

Le poil long et
rêche traverse
un sous-poil
doux et épais

Extrémités
larges,
plutôt
plates

SPITZ JAPONAIS

Ce petit chien rude est un exemple typique de la miniaturisation. Bien qu'il possède l'aspect du samoyède, il est cinq fois plus petit et se montre cinq fois plus résistant. Très vif et téméraire, il fut très populaire au Japon dans les années 1950. Plus rare aujourd'hui dans ce pays, il est de plus en plus apprécié en Europe et en Amérique du Nord comme chien de garde. Les éleveurs se sont efforcés d'atténuer sa propension à aboyer.

CARTE D'IDENTITÉ

PAYS D'ORIGINE Japon
APPARITION DE LA RACE XXe siècle
FONCTION PREMIÈRE chien de compagnie
FONCTIONS ACTUELLES chien de garde, de compagnie
DURÉE DE VIE 12 ans
AUTRE NOM nihon supittsu
POIDS 5 à 6 kg
HAUTEUR AU GARROT 30 à 36 cm

Oreilles pointues et droites

Grands yeux légèrement en amande

Tête bien dessinée, terminée par un petit museau pointu

Pelage dense et duveteux

UN PEU D'HISTOIRE

Les caractéristiques du spitz japonais indiquent que ce chien est une version réduite du samoyède. Ce dernier fut introduit en Mongolie par les Samoyèdes, tribus nomades, puis il gagna le Japon.

AKITA

Les races japonaises sont classées en fonction de leur taille : grande (akita), moyenne (shika) et petite (shiba). S'il existe au Japon un grand nombre de chiens de taille moyenne, on n'y connaît qu'une seule grande race, l'akita-inu. Ce chien impressionnant possède une présence remarquable. Majestueux et plein d'assurance, il convient aux maîtres expérimentés. Si nombre d'individus affichent un caractère égal, d'autres sont difficile à contrôler, et doivent souvent subir un dressage prolongé – les mâles, en particulier, ont tendance à se montrer particulièrement querelleurs. Bien qu'il soit distant et peu démonstratif, l'akita, s'il est bien dressé, est un excellent compagnon et un gardien efficace.

CARTE D'IDENTITÉ

PAYS D'ORIGINE Japon

APPARITION DE LA RACE XVIIe siècle

FONCTIONS PREMIÈRES chien de combat, de chasse au gros gibier

FONCTIONS ACTUELLES chien de garde, de compagnie

DURÉE DE VIE 10 à 12 ans

AUTRE NOM akita-inu

POIDS 34 à 50 kg

HAUTEUR AU GARROT 60 à 71 cm

TOUTES
LES
COULEURS

Queue épaisse et puissante, portée enroulée sur le dos

Pelage rude, recouvrant un sous-poil fin

Oreilles
triangulaires
bien dressées

Yeux
relativement
petits,
d'un brun
profond

Un peu d'histoire

L'akita, le plus grand
chien japonais, fut
autrefois élevé pour
les combats organisés.
Lorsque ce « sport »
tomba en désuétude,
il fut employé pour
la chasse. Bien
que cet animal ait
pratiquement disparu
dans les années 1930,
sa survie fut assurée
par la constitution
de la Société pour
la préservation
des races japonaises.

Articulation
très près
du corps

SHIBA

Le shiba-inu, chien indigène le plus populaire du Japon, est aujourd'hui répandu en Australie, en Europe et en Amérique du Nord. À l'instar du basenji, il aboie rarement, préférant pousser de petits cris étranges. Robuste, calme, réservé et plutôt indépendant, c'est un chien affectueux et fidèle ; il adore les enfants et fait preuve de beaucoup de patience et de douceur envers eux. Pour les maîtres patients et expérimentés, c'est un merveilleux chien de compagnie.

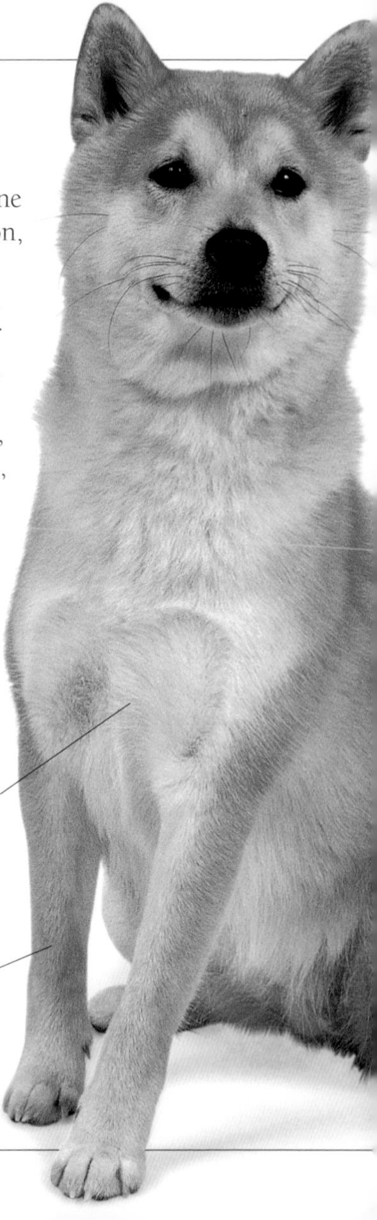

Poitrine et cage thoracique amples

Antérieurs droits, aux articulations près du corps

UN PEU D'HISTOIRE
Ce spécimen, le plus
petit de tous les chiens
japonais, existe au Japon
depuis des siècles : des
ossements remontant à
plus de 2 500 ans ont
été découverts sur des sites
de fouilles archéologiques.

COULEURS
VARIÉES

*Museau
pointu
orné d'une
truffe
sombre*

*Petits yeux
triangulaires*

*Membres postérieurs
bien développés, aux
articulations puissantes*

*Queue longue
et épaisse, portée
en boucle*

CARTE D'IDENTITÉ

PAYS D'ORIGINE Japon
APPARITION DE LA RACE Antiquité
FONCTION PREMIÈRE chasse
au petit gibier
FONCTION ACTUELLE chien
de compagnie
DURÉE DE VIE 12 à 13 ans
AUTRE NOM shiba-inu
POIDS 8 à 10 kg
HAUTEUR AU GARROT 35 à 41 cm

CHOW-CHOW

Naturellement distant et têtu, le chow-chow constituait autrefois un mets de choix en Mongolie et en Mandchourie. Sa fourrure était utilisée pour la confection de vêtements. Au XIXe siècle, des marins anglais baptisèrent cet animal du nom dont ils désignaient un chargement de bateau hétéroclite. Bien qu'il ait l'aspect d'un gros ours en peluche, le chow-chow ne se montre pas très caressant. Ce chien, qui n'admet qu'un seul maître, a tendance à pincer et à mordre facilement, comme un terrier. Son pelage nécessite un entretien quotidien important afin d'en éliminer la bourre et les poils morts.

CARTE D'IDENTITÉ

PAYS D'ORIGINE Chine

APPARITION DE LA RACE Antiquité

FONCTIONS PREMIÈRES chien de garde, d'attelage ou bête à viande

FONCTION ACTUELLE chien de compagnie

DURÉE DE VIE 11 à 12 ans

POIDS 20 à 32 kg

HAUTEUR AU GARROT 46 à 56 cm

UN PEU D'HISTOIRE
Les origines du chow-chow
restent mystérieuses.
Les historiens du début du
XVIIIᵉ siècle mentionnent un chien
doté d'une langue noire,
servant, en Orient, de nourriture.
Ce spécimen fut introduit
en Grande-Bretagne en 1780.

*Petits yeux sombres ;
les paupières, étroites,
causent souvent
des problèmes
médicaux*

*Langue
noire*

*Petits
pieds
félins*

ROUX

FAUVE

BLANC,
CRÈME

NOIR

BLEU

SPITZ FINLANDAIS

Acharné au travail, ce spécimen finlandais indépendant, presque félin, gardien et chasseur remarquable, est doté d'une voix exceptionnelle. Dans les forêts, il est à l'écoute du moindre bruissement d'ailes et se précipite vers l'arbre où l'oiseau s'est posé, puis il aboie jusqu'à l'arrivée de son maître. Doté d'un caractère affirmé, il aime l'exercice intense, en particulier par temps froid.

CARTE D'IDENTITÉ

PAYS D'ORIGINE Finlande

APPARITION DE LA RACE Antiquité

FONCTION PREMIÈRE chasse des petits mammifères

FONCTIONS ACTUELLES chasseur, chien de compagnie

DURÉE DE VIE 12 à 14 ans

AUTRE NOM suomenpystikorva

POIDS 14 à 16 kg

HAUTEUR AU GARROT 38 à 51 cm

Antérieurs puissants attachés à des épaules relativement droites

UN PEU D'HISTOIRE Les lointains ancêtres du spitz finlandais accompagnaient probablement les premiers colons de la Finlande. Durant des siècles, ces chiens habitèrent la Finlande orientale et la Carélie, région de Russie. Après la révolution russe, des spécimens de Carélie devinrent connus sous le nom de karelo-finnish laïkas.

Queue en boucle qui retombe sur le côté

Poitrine profonde, bien descendue

Membres postérieurs aux extrémités petites et arrondies, dotées de poils interdigitaux isolants

BERGER FINNOIS DE LAPONIE

Dans les régions nord de la Scandinavie et en Carélie, les Samis utilisaient des chiens pour garder des troupeaux de rennes semi-domestiques. Tandis que s'accroissait l'intérêt pour les chiens indigènes, les Suédois et les Finlandais s'arrachaient la paternité de ces gardiens de troupeaux. Afin d'éviter des problèmes, deux races furent reconnues sur le plan international : le berger de Laponie ou spitz de Laponie, et le berger finlandais ou lapinkoira. En Finlande, l'élevage sélectif s'efforce de préserver ses qualités de gardien. Ailleurs, ce spécimen est plutôt considéré comme un animal de compagnie. De constitution solide, il a un superbe pelage double qui le protège du froid.

Queue enroulée sur le dos

Pelage particulièrement épais sur l'arrière-train

Doigts bien bombés

*Crâne large et
légèrement bombé,
au front proéminent*

*Oreilles
bien
écartées,
courtes
et droites,
larges à
la base*

UN PEU D'HISTOIRE Le chien de berger qui accompagna autrefois les Samis est plus petit que le lapinporokoira, son descendant. Le berger finnois est un exemple de croisement entre des chiens du Nord, de type spitz, et des chiens de berger du sud de l'Europe. Il gardait des troupeaux de rennes, mais surveille aujourd'hui des troupeaux d'ovins et de bovins.

COULEURS
VARIÉES

*Antérieurs
paraissant
courts par
rapport
au reste
du corps*

CARTE D'IDENTITÉ

PAYS D'ORIGINE Finlande

APPARITION DE LA RACE XVIIᵉ siècle

FONCTION PREMIÈRE chien
de troupeau de rennes

FONCTIONS ACTUELLES chien
de troupeau, de compagnie

DURÉE DE VIE 11 à 12 ans

AUTRE NOM lapinporokoira

POIDS 20 à 21 kg

HAUTEUR AU GARROT 46 à 52 cm

CHIEN SUÉDOIS DE LAPONIE

Le lapphund, chien de race très ancienne, descend probablement des chiens courants d'Asie. Il gardait les troupeaux de rennes des Samis. Vers 1960, ses qualités de gardien étant en danger, le Kennel Club suédois établit un programme d'élevage sélectif pour améliorer les facultés de travail de l'animal. Calme et fidèle, ce chien n'existe pratiquement qu'en Suède, bien que l'on en rencontre en Finlande et en Russie.

L'arrière des membres antérieurs est orné de poils très longs

Poitrine peu descendue

UN PEU D'HISTOIRE Des ossements vieux de 7 000 ans découverts près de Varanger, en Norvège, évoquent un animal proche du lapon suédois et des laïkas de Finlande et de Russie.

FOIE

NOIR

FOIE ET
BLANC

NOIR ET
BLANC

*Oreilles pointues
et droites*

*Museau conique
s'effilant jusqu'à
la truffe*

*Pelage épais et
rêche ; sous-poil
imperméable*

*Membres
postérieurs
très droits*

*Doigts bien bombés, dotés
de poils interdigitaux isolants*

CARTE D'IDENTITÉ

PAYS D'ORIGINE Suède

APPARITION DE LA RACE Antiquité et XIXe siècle

FONCTION PREMIÈRE gardien de troupeaux de rennes

FONCTIONS ACTUELLES chien de troupeau, de compagnie

DURÉE DE VIE 12 à 13 ans

AUTRE NOM lapphund

POIDS 19,5 à 20,5 kg

HAUTEUR AU GARROT 44 à 49 cm

BUHUND NORVÉGIEN

En langue norvégienne, le mot *bu* signifie remise, ou étable, ce qui laisse deviner les fonctions premières de ce chien de ferme. Doté d'un instinct de berger très fort, il a besoin de beaucoup d'exercice. De plus en plus populaire en Grande-Bretagne, le buhund norvégien a été utilisé avec succès comme chien de troupeau en Australie. Ce travailleur courageux est également un excellent chien de compagnie, aimant les enfants, et un gardien efficace, facile à dresser.

Queue plantée haut, enroulée sur le dos

CARTE D'IDENTITÉ

PAYS D'ORIGINE Norvège

APPARITION DE LA RACE Antiquité

FONCTIONS PREMIÈRES chien de troupeau, de ferme

FONCTIONS ACTUELLES chien de ferme, de troupeau, de compagnie

DURÉE DE VIE 12 à 15 ans

AUTRE NOM norsk buhund

POIDS 24 à 26 kg

HAUTEUR AU GARROT 41 à 46 cm

Yeux brun foncé, aux paupières sombres

Museau court

FROMENT

ROUX

NOIR

Corps trapu et compact

Pelage court et dru, recouvrant un sous-poil dense

UN PEU D'HISTOIRE

Le buhund fut à l'origine utilisé comme chien de traîneau et de compagnie. De nos jours, c'est un chien domestique qui a de grandes qualités de gardien.

CHIEN D'ÉLAN NORVÉGIEN

Robuste, vigoureux, athlétique et doté d'une voix forte, dont il use abondamment lorsqu'il trouve une proie, le norsk elghund est le plus populaire des trois chiens d'élan scandinaves. Il représente la race la plus classique de spitz : des fossiles norvégiens de l'âge de pierre confirment son existence dans l'Antiquité. Lorsqu'il accompagne un chasseur, il piste le gibier, suivant sa trace comme un chien courant. Il fut autrefois utilisé pour chasser l'élan, le lynx et le loup, ainsi que pour rapporter le lapin et le renard. Les fermiers norvégiens l'emploient également pour rassembler les poulets et les canards de la basse-cour.

Queue portée enroulée s'ornant, au-dessous, de poils plus longs

Pelage épais et rude

113

UN PEU D'HISTOIRE Chien national de Norvège, cet animal existe en Scandinavie depuis plus de 5 000 ans. Les standards actuels furent élaborés à la fin du XIXᵉ siècle.

Petites oreilles en pointe, très velues, qui conservent la chaleur du corps

Museau effilé mais non pointu

Cou ferme et musclé

Poitrine ample, protégée par des poils denses

CARTE D'IDENTITÉ

PAYS D'ORIGINE Norvège

APPARITION DE LA RACE Antiquité et XIXᵉ siècle

FONCTION PREMIÈRE chasse à l'élan

FONCTIONS ACTUELLES chien de chasse, de compagnie

DURÉE DE VIE 12 à 13 ans

AUTRE NOM norsk elghund

POIDS 20 à 23 kg

HAUTEUR AU GARROT 49 à 52 cm

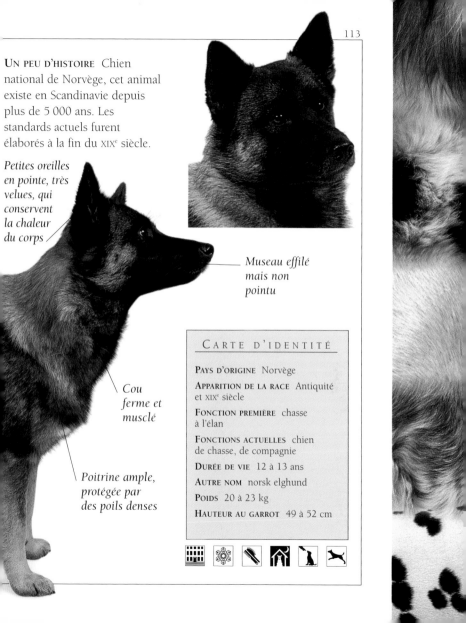

CHIEN NORVÉGIEN DE MACAREUX

Le lundehund, petit chien agile, est doté de caractéristiques uniques : il possède cinq doigts au lieu de quatre au bout de ses membres antérieurs, les coussinets sont particulièrement grands et le cinquième doigt, ou ergot, est double.

Cet ensemble donnait à l'animal une remarquable facilité pour s'accrocher aux parois lorsqu'il partait à la recherche de nids de macareux, grimpant le long de falaises et franchissant des crevasses rocheuses. Le cartilage de ses oreilles étant également doté d'un pli, il a la faculté de replier ces dernières – ce qui empêchait l'eau d'y pénétrer lorsqu'il explorait des passages pour débusquer ses proies.

CARTE D'IDENTITÉ

PAYS D'ORIGINE Norvège

APPARITION DE LA RACE XVIᵉ siècle

FONCTION PREMIÈRE chasse au macareux

FONCTION ACTUELLE chien de compagnie

DURÉE DE VIE 12 ans

AUTRE NOM norsk lundehund

POIDS 5,5 à 6,5 kg

HAUTEUR AU GARROT 31 à 39 cm

GRIS

NOIR

BRUN ET BLANC

NOIR ET BLANC

Arrière-train moyennement musclé, adapté à l'agilité plutôt qu'à la vitesse

Oreilles de taille moyenne, bien droites

Poil dense et couché

Yeux marron plutôt enfoncés

Petite tête triangulaire

UN PEU D'HISTOIRE
Originaire de Vaerog et de Rost, au nord de la Norvège, le lundehund fut utilisé pendant des siècles pour dénicher des macareux sur les parois de falaises abruptes. Il n'est considéré comme une race spécifique que depuis 1943.

Double ergot et coussinet supplémentaire sur les extrémités antérieures

Spitz allemand

Le spitz allemand existe sous trois formes différentes – géant, standard et petit. Le spitz géant et le petit spitz ont toujours été utilisés comme chiens de compagnie, tandis que le spitz standard fut autrefois un chien de ferme efficace. Bien que la race ait été introduite dans la plupart des pays européens, sa popularité décline depuis quelques années ; le petit spitz, pourtant joyeux et affectueux, perd du terrain devant le loulou de Poméranie, d'aspect presque identique. Cette désaffection s'explique : le spitz réclame beaucoup plus d'attentions que de nombreuses races, en particulier en ce qui concerne l'entretien du pelage – soulignons que le spitz n'aime pas être brossé. En outre, il n'est pas facile à dresser. Toutefois, ce chien raffiné et sûr de lui, qui figure élégamment dans les expositions canines, se révèle un compagnon agréable et fidèle.

COULEURS
VARIÉES

Queue pourvue des poils les plus longs ; poitrine recouverte de poils denses, longs et plutôt rudes

UN PEU D'HISTOIRE Le spitz allemand descend probablement des chiens de troupeau de type spitz qui arrivèrent en Europe avec les Vikings. Les trois variétés de spitz, de conformation similaire, varient simplement en taille et en couleur. Le grand spitz existe en blanc, brun ou noir, tandis que le pelage de ses homologues plus petits présente une plus grande variété de nuances.

CARTE D'IDENTITÉ

PAYS D'ORIGINE Allemagne

APPARITION DE LA RACE XVIIe siècle

FONCTION PREMIÈRE chien de compagnie (géant et petit) ; travailleur de ferme (standard)

FONCTION ACTUELLE chien de compagnie (géant, standard et petit)

DURÉE DE VIE 12 à 13 ans (géant) ; 13 à 15 ans (standard) ; 14 à 15 ans (petit)

AUTRES NOMS deutscher gross spitz (géant) ; deutscher mittel spitz (standard) ; deutscher spitz klein (petit)

POIDS 17,5 à 18,5 kg (géant) ; 10,5 à 11,5 kg (standard) ; 8 à 10 kg (petit)

HAUTEUR AU GARROT 40,5 à 41,5 cm (géant) ; 29 à 36 cm (standard) ; 23 à 28 cm (petit)

LOULOU DE POMÉRANIE

La reine Victoria rendit le loulou populaire lorsqu'elle en introduisit quelques spécimens dans ses chenils. La couleur blanche se trouvait essentiellement chez de grands spécimens pouvant atteindre 13 kg. Les éleveurs, opérant une sélection en faveur d'une taille plus petite, obtinrent les teintes zibeline et orange très populaires aujourd'hui. Le loulou, grand chien dont la taille n'a été réduite que récemment, se comporte toujours comme un « grand chien ». C'est un gardien exemplaire et un excellent compagnon.

CARTE D'IDENTITÉ

PAYS D'ORIGINE Allemagne

APPARITION DE LA RACE Moyen Âge et XIXe siècle

FONCTION PREMIÈRE chien de compagnie

FONCTION ACTUELLE chien de compagnie

DURÉE DE VIE 15 ans

POIDS 2 à 3 kg

HAUTEUR AU GARROT 22 à 28 cm

CRÈME, BLANC, SABLE

ROUX, ORANGE

BLEU

GRIS

BRUN

NOIR

Oreilles petites et droites, comme celles d'un renard

Collerette typique de toutes les races de spitz subarctiques

UN PEU D'HISTOIRE Le petit loulou actuel fut élaboré en Poméranie, à partir de petits spitz allemands. Son aspect et son pelage témoignent de ses origines arctiques.

Queue retombant sur un côté du corps

ÉPAGNEUL PAPILLON

L'épagneul nain continental existe en deux variétés, phalène et papillon. L'épagneul papillon est un chien délicat, de petite taille, au pelage fourni très soyeux ; ses grandes oreilles évoquent des ailes de papillon. On serait tenté de supposer, à tort, qu'il s'agit d'un petit chien d'appartement, content de couler des jours heureux. Lorsqu'il est correctement dressé, il peut, comme le loulou de Poméranie, accomplir certaines tâches. Vif et affectueux, il est très attaché à son maître, envers qui il se montre souvent possessif, et s'adapte aussi bien à la ville qu'à la campagne.

Extrémités allongées et fines, comme celles d'un lièvre ——————

UN PEU D'HISTOIRE Selon certains experts, le papillon descendrait de l'épagneul nain d'Espagne du XVIᵉ siècle. Toutefois, sa morphologie et sa longue robe pourraient indiquer du sang de spitz nordique.

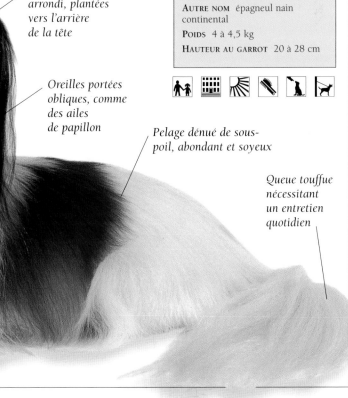

Oreilles à bout arrondi, plantées vers l'arrière de la tête

Oreilles portées obliques, comme des ailes de papillon

Pelage dénué de sous-poil, abondant et soyeux

Queue touffue nécessitant un entretien quotidien

CARTE D'IDENTITÉ

PAYS D'ORIGINE Europe continentale

APPARITION DE LA RACE XVIIᵉ siècle

FONCTION PREMIÈRE chien de compagnie

FONCTION ACTUELLE chien de compagnie

DURÉE DE VIE 13 à 15 ans

AUTRE NOM épagneul nain continental

POIDS 4 à 4,5 kg

HAUTEUR AU GARROT 20 à 28 cm

SCHIPPERKE

Quoique de petite taille, le schipperke a conservé le caractère d'un bagarreur de rue. Cette boule compacte d'énergie travaillait autrefois sur les péniches et les barges de Flandres et du Brabant, débarrassant les lieux des rongeurs et prévenant les mariniers de l'arrivée d'intrus. Le schipperke est également un chasseur expert de lapins et de taupes. De petite taille, vif et courageux, il fait un excellent chien de compagnie.

*Membres postérieurs
puissamment musclés*

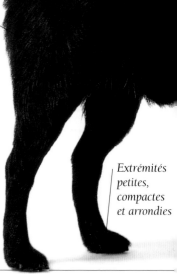

CARTE D'IDENTITÉ

PAYS D'ORIGINE Belgique

APPARITION DE LA RACE début du XVIe siècle

FONCTIONS PREMIÈRES chasse aux petits mammifères, chien marinier

FONCTION ACTUELLE chien de compagnie

DURÉE DE VIE 12 à 13 ans

POIDS 3 à 8 kg

HAUTEUR AU GARROT 22 à 33 cm

*Extrémités
petites,
compactes
et arrondies*

Petites oreilles
fermes, bien droites,
plantées haut

Poil plus long
autour du cou

Petits yeux
ovales, marron
foncé

Tête de
« renard »

Sous-poil dense
qui redresse le
poil du dessus,
formant une
collerette

Poitrine ample,
recouverte de poils
un peu rêches

UN PEU D'HISTOIRE

Les origines exactes
de ce « petit marinier »
sont inconnues, mais on sait
qu'il existe depuis plusieurs
siècles. Il est sans doute
apparenté à d'autres spitz
d'Europe continentale, tels
que le spitz allemand et
le loulou de Poméranie.

SPITZ-LOUP

Bien que plusieurs pays – en particulier les États-Unis, le Canada et la Grande-Bretagne – considèrent le keeshond comme un chien différent du spitz-loup, de nombreux pays rassemblent les deux races en une seule. À une certaine époque, le keeshond était utilisé comme chien de marinier, sur des péniches hollandaises. Depuis plus d'un siècle, c'est exclusivement un chien de terre ferme, particulièrement populaire en Amérique du Nord. Fringant et intelligent, il se révèle un excellent gardien et un compagnon agréable, à la fois à la ville et à la campagne. Il a cependant besoin d'être mené d'une main ferme.

Extrémités très petites et félines, ornées de poils interdigitaux épais

UN PEU D'HISTOIRE Baptisé en hommage à un homme politique hollandais, le keeshond fut autrefois utilisé comme chien de garde, dans les provinces de Brabant et de Limburg. C'est le spitz européen le plus populaire en Grande-Bretagne et en Amérique du Nord.

La fourrure tire sur le noir

Museau bien proportionné, relativement étroit

Pelage très abondant, plus dense au niveau de la collerette

CARTE D'IDENTITÉ

PAYS D'ORIGINE Pays-Bas

APPARITION DE LA RACE XVIᵉ siècle

FONCTION PREMIÈRE chien marinier

FONCTIONS ACTUELLES chien de garde, de compagnie

DURÉE DE VIE 12 à 14 ans

AUTRE NOM wolf spitz

POIDS 25 à 30 kg

HAUTEUR AU GARROT 43 à 48 cm

TERRIERS

L es terriers sont issus de races de chiens courants – le teckel, utilisé comme terrier véritable, est un chasseur au flair de taille naine. Les éleveurs ont favorisé l'instinct d'agression. Experts à explorer les galeries sous terre, ces animaux démonstratifs s'engagent encore avec rage dans des combats singuliers avec les habitants des terriers.

Dandie dinmont terrier

RACINES ANGLO-SAXONNES

Bien que les teckels et de nombreux autres chiens « de terre » aient été élaborés dans plusieurs pays européens, la plupart des terriers sont originaires de Grande-Bretagne. Les premières mentions de ces chiens remontent à 1560, date à laquelle un écrivain renommé, le Dr John Caius, les qualifia de vifs et querelleurs. Il n'existait à cette époque que des terriers courts sur pattes, utilisés exclusivement pour explorer les galeries de renards et de blaireaux.

Ces chiens possédaient des robes rêches, souvent noir et feu, ou comportant deux nuances de fauve, et se distinguaient par leurs oreilles dressées et leur tempérament nerveux. Pour le terrier, tenace et explorateur de galeries, tous les petits animaux sont des proies : renards, blaireaux, belettes, furets, loutres, marmottes, rats, souris et serpents. Sa petite taille, sa détermination farouche et sa grande résistance font toujours partie des caractéristiques du terrier d'aujourd'hui.

CHIENS POLYVALENTS

Au cours du XIXᵉ siècle, les terriers à pattes courtes, transportés dans des sacoches, participaient aux chasses au renard. Lorsque la meute acculait sa proie, les terriers étaient libérés pour donner le coup de grâce. Compétents et témoignant

Terrier du Yorkshire

de grandes facultés d'adaptation, ils débarrassaient aussi les fermes des rongeurs. Ils participaient également à certains « sports » – combats contre des congénères ou d'autres animaux. Les chiens utilisés pour le *bull baiting,* – ce « sport » en vogue autrefois opposait des chiens tueurs à un taureau captif – étaient à l'origine de grands mastiffs. Ces derniers furent croisés avec des terriers, qui leur transmirent leur agressivité. Ce croisement donna naissance aux chiens de type bull-terrier, qui se distinguent par leur ténacité : lorsqu'ils mordent, ils ne lâchent plus leur proie. Chez des chiens travailleurs, tels que le lakeland terrier, le terrier gallois et le

Kerry blue terrier

terrier irlandais, cette caractéristique fait partie des critères de la race.

VARIATIONS RÉGIONALES

Les terriers d'origine, aux pattes courtes, durs au travail, existaient à travers toute la Grande-Bretagne et l'Irlande. Au XIXᵉ siècle, les éleveurs commencèrent à élaborer des races régionales. La plupart de celle-ci sont issues de chiens leveurs et rapporteurs de gibier. Ces animaux n'explorent plus les terriers : ils poursuivent la proie, la capturent, la tuent et la rapportent.

COMPAGNONS DIVERTISSANTS

Les terriers sont des chiens domestiques merveilleux. Ils adorent jouer et chahuter et font montre d'une énergie inépuisable.

LAKELAND TERRIER

Le lakeland terrier était autrefois un chasseur infatigable, agile et sans pitié, capable de s'attaquer à des proies plus grosses que lui, sur le sol rocailleux de la région des lacs, en Grande-Bretagne. Ce chien est probablement issu du terrier noir et feu, aujourd'hui disparu, dont descend également le terrier gallois. Il connut une période de gloire dans les expositions canines ; il en gagna même quelques-unes, en Grande-Bretagne et aux États-Unis. Très obstiné, il a besoin d'être mené d'une main ferme et experte.

Yeux sombres au regard intense, dénué de crainte

FROMENT

BLEU

ROUX

NOIR

BLEU ET FEU

NOIR ET FEU

UN PEU D'HISTOIRE
Audacieux et sans peur, le lakeland terrier fut d'abord élevé et utilisé par les fermiers du nord de l'Angleterre pour protéger leurs bergeries des prédateurs.

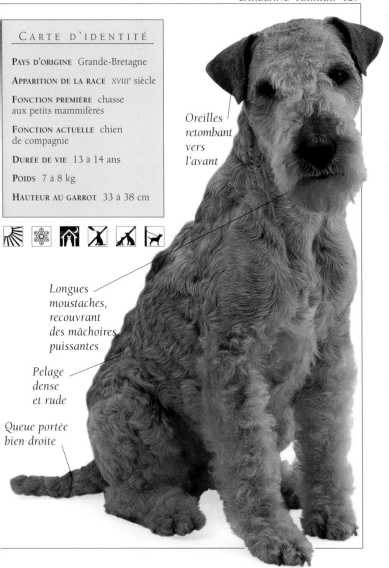

Oreilles retombant vers l'avant

Longues moustaches, recouvrant des mâchoires puissantes

Pelage dense et rude

Queue portée bien droite

TERRIER GALLOIS

Vif et têtu, le welsh terrier a besoin de travailler et de se dépenser. Plus populaire en Amérique du Nord qu'en Grande-Bretagne, c'est un agréable compagnon qui élimine efficacement les rongeurs. En raison de ses ascendants travailleurs, il n'est pas difficile à dresser, mais il aime se bagarrer avec ses congénères.

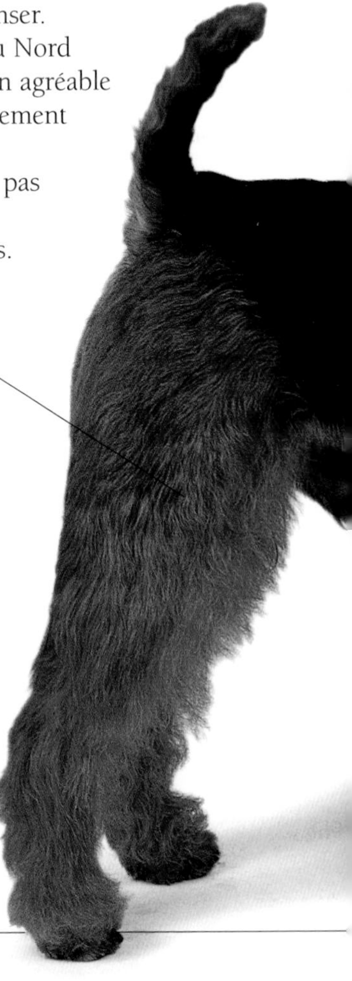

Cuisses bien proportionnées, puissamment musclées

CARTE D'IDENTITÉ

PAYS D'ORIGINE Grande-Bretagne

APPARITION DE LA RACE XVIIIe siècle

FONCTION PREMIÈRE ratier

FONCTION ACTUELLE chien de compagnie

DURÉE DE VIE 14 ans

AUTRE NOM welsh terrier

POIDS 9 à 10 kg

HAUTEUR AU GARROT 36 à 39 cm

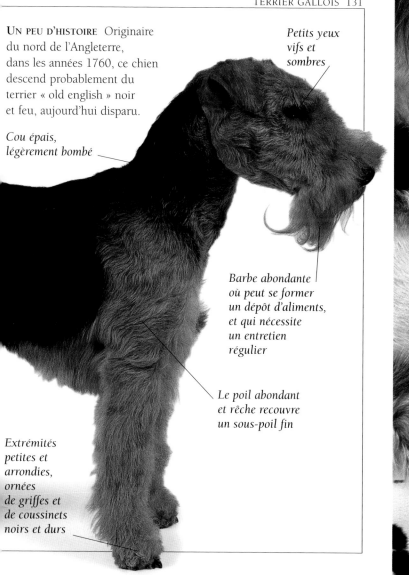

UN PEU D'HISTOIRE Originaire du nord de l'Angleterre, dans les années 1760, ce chien descend probablement du terrier « old english » noir et feu, aujourd'hui disparu.

Petits yeux vifs et sombres

Cou épais, légèrement bombé

Barbe abondante où peut se former un dépôt d'aliments, et qui nécessite un entretien régulier

Le poil abondant et rêche recouvre un sous-poil fin

Extrémités petites et arrondies, ornées de griffes et de coussinets noirs et durs

AIREDALE TERRIER

Bien que l'airedale soit étonnamment grand pour être baptisé « terrier » – le mot désigne, en principe, des chiens destinés à la chasse d'animaux vivant dans des galeries souterraines –, ce spécimen se révèle, malgré tout, l'exemple parfait de cette catégorie de chiens. Gardien remarquable, ayant tendance à se quereller avec ses congénères, l'airedale, rude, audacieux et fidèle, a été utilisé comme auxiliaire de police, sentinelle et messager. S'il était moins têtu, il se révélerait un chien de travail apprécié et efficace.

Barbe recouvrant des mâchoires puissantes

UN PEU D'HISTOIRE L'airedale terrier est issu du Yorkshire, région d'Angleterre, où des éleveurs croisèrent des terriers « old english » noir et feu avec des otterhounds.

CARTE D'IDENTITÉ

PAYS D'ORIGINE Grande-Bretagne

APPARITION DE LA RACE XIXᵉ siècle

FONCTIONS PREMIÈRES chasse à la loutre, au blaireau

FONCTIONS ACTUELLES chien de garde, de compagnie

DURÉE DE VIE 13 ans

AUTRE NOM waterside terrier

POIDS 20 à 23 kg

HAUTEUR AU GARROT 56 à 61 cm

Yeux vifs et alertes, comme chez tous les terriers

Petites oreilles en forme de « V »

Pelage rude, dense et rêche qui requiert un toilettage expert pour les expositions canines

Tête, oreilles et barbe couleur feu

Membres antérieurs ossus, parfaitement droits

Cuisses musclées et puissantes

Extrémités petites, compactes et arrondies

TERRIER DU YORKSHIRE

Oreilles en forme de « V »

Issu de croisements entre des terriers de Clydesdale – chiens écossais emmenés par leurs maîtres, ouvriers lainiers, dans le Yorkshire, où le travail de la laine était en plein essor –, des broke haired terriers, variété locale, et, par la suite, des bichons maltais, le yorkshire terrier, petit chien aux longs poils soyeux, est l'un des chiens de compagnie les plus appréciés en France, comme dans le reste de l'Europe, et en Amérique du Nord. Souvent traité comme un objet de luxe, ce petit chien, très intuitif, n'a pas l'occasion de montrer à son maître tout ce qu'il peut apprendre. Il a besoin d'un maître ferme, qui sache discipliner son caractère obstiné, voire têtu, et lui apprenne très tôt à bien se conduire.

UN PEU D'HISTOIRE Le terrier le plus populaire du monde aurait été créé, au début du XIXe siècle par des mineurs du Yorkshire qui voulaient un chien ratier de très petite taille. Ils croisèrent des clydesdale terriers avec des paisley, race aujourd'hui éteinte.

Nez d'un noir profond, qui peut s'éclaircir avec l'âge

Poils longs et raides sur le corps

Longs poils frontaux devant être brossés de côté ou attachés ; un entretien régulier est essentiel

Tête petite et plate, à laquelle les favoris donnent un aspect carré

CARTE D'IDENTITÉ

PAYS D'ORIGINE Grande-Bretagne

APPARITION DE LA RACE XIXe siècle

FONCTION PREMIÈRE ratier

FONCTION ACTUELLE chien de compagnie

DURÉE DE VIE 14 ans

AUTRE NOM yorkshire terrier

POIDS 2,5 à 3,5 kg

HAUTEUR AU GARROT 22,5 à 23,5 cm

SILKY TERRIER

Ce chien australien, qui évoque le yorkshire terrier, en plus volumineux, possède une robe bleu et feu. Déjà très apprécié aux États-Unis et au Canada, il fait une entrée remarquée en Europe. Robuste et bruyant, à l'instar du yorkshire, il garde très efficacement son territoire, annonçant l'arrivée des intrus d'une voix aiguë. Bien que de taille relativement petite, il est capable d'exterminer de petits rongeurs. Il est indispensable de lui donner tôt de bonnes habitudes s'il doit vivre au sein de la maison, car il peut se transformer en vagabond indépendant. Son caractère affirmé le rend parfois rebelle à l'autorité et intolérant envers les étrangers. Sa robe nécessite un entretien quotidien ; doté d'un sous-poil peu fourni, le silky terrier souffre parfois du froid.

UN PEU D'HISTOIRE

Ce chien de compagnie, qui commença à être élaboré au début du XXᵉ siècle, est probablement le résultat de croisements entre l'australian terrier, le yorkshire terrier et le skye terrier.

Cuisses puissantes et musclées

Marques feu au bas des membres

CARTE D'IDENTITÉ

PAYS D'ORIGINE Australie

APPARITION DE LA RACE XXᵉ siècle

FONCTION PREMIÈRE chien de compagnie

FONCTION ACTUELLE chien de compagnie

DURÉE DE VIE 14 ans

POIDS 4 à 5 kg

HAUTEUR AU GARROT 22,5 à 23,5 cm

Oreilles droites, en forme de « V », attachées haut

Poils ne retombant pas sur les yeux

Pelage gris argent, « bleu » pour les éleveurs, recouvrant le corps et le haut des membres

TERRIER AUSTRALIEN

Rude et toujours prêt au combat, l'australian terrier était autrefois un chien de garde remarquable. Capable de tuer tous les petits animaux nuisibles ou dangereux, y compris les serpents, il surveillait les fermes isolées, prévenant de l'arrivée d'intrus. Ayant aujourd'hui conservé toutes ces caractéristiques, il ne recule jamais devant un congénère et court après les chats, à moins qu'il n'ait été élevé en leur compagnie. Compagnon affectueux et fidèle, il se montre réceptif au dressage. À l'instar du silky terrier, il accompagna des forces armées et des hommes d'affaires en Amérique du Nord, après la Seconde Guerre mondiale. Il est particulièrement apprécié en Australie et en Nouvelle-Zélande, mais se répand désormais dans la plupart des pays anglo-saxons.

UN PEU D'HISTOIRE Cet indigène râblé d'Australie descend de plusieurs terriers britanniques, le cairn, le yorkshire, le skye et peut-être le norwich. Les colons introduisirent ces races dans le pays-continent afin d'élaborer un ratier efficace destiné à travailler dans les fermes des grandes exploitations.

Corps allongé, relativement bas sur pattes

Pattes droites et fines

CARTE D'IDENTITÉ

PAYS D'ORIGINE Australie
APPARITION DE LA RACE XIXe siècle
FONCTIONS PREMIÈRES ratier
de ferme, chien de garde
FONCTION ACTUELLE chien
de compagnie
DURÉE DE VIE 14 ans
AUTRE NOM australian terrier
POIDS 5 à 6 kg
HAUTEUR AU GARROT 24,5 à 25,5 cm

BLEU ET
FEU

SABLE

*Petits
yeux
noirs
très vifs*

*Crâne
long
et plat*

*Bouche
compacte
légèrement
boudeuse*

*Extrémités des
membres petites
et compactes,
aux ongles noirs*

TERRIER IRLANDAIS

En Irlande, ce chien de compagnie est parfois utilisé comme chien de chasse. Aux États-Unis, on fait appel à ses qualités de chien d'eau et de prédateur de petits animaux nuisibles, lors de *field trials* et de courses au leurre. Ses lignes racées et ses foulées majestueuses en font le plus élégant des terriers. C'est un agréable compagnon de jeux.

Queue plantée haut recouverte d poils courts

Robe dure et rêche recouvrant un sous-poil fin et doux

CARTE D'IDENTITÉ

PAYS D'ORIGINE Irlande

APPARITION DE LA RACE XVIIIᵉ siècle

FONCTIONS PREMIÈRES chien de garde, ratier

FONCTIONS ACTUELLES ratier, chien de *field trials*, de course, de compagnie

DURÉE DE VIE 13 ans

AUTRES NOMS irish terrier, irish red terrier

POIDS 11 à 12 kg

HAUTEUR AU GARROT 46 à 48 cm

Oreilles qui retombent en avant jusqu'aux joues

Petits yeux foncés pleins de vie

Petite barbe nette qui requiert un entretien expert

Cou modérément allongé, orné de chaque côté d'une trace de collerette

Pattes bien droites, osseuses et musclées

UN PEU D'HISTOIRE
Élaboré dans la région de Cork, en république d'Irlande, ce fringant spécimen est probablement issu de terriers noir et feu et de terriers couleur froment.

KERRY BLUE TERRIER

Les chiots du kerry blue naissent noirs. La couleur de leur robe évolue vers le bleu entre neuf et vingt-quatre mois. En général, plus la couleur se modifie tôt, plus elle devient claire. Dépourvu de sous-poil, ce chien ne mue pas, ce qui en fait un animal domestique tout indiqué. Authentique terrier, cet excellent gardien se révèle également très bon pisteur, chasseur et berger.

CARTE D'IDENTITÉ

PAYS D'ORIGINE Irlande

APPARITION DE LA RACE XVIIIᵉ siècle

FONCTIONS PREMIÈRES chasse au blaireau, au renard, au rat

FONCTIONS ACTUELLES chasse au lapin et au lièvre, chien de *field trials,* de compagnie

DURÉE DE VIE 14 ans

AUTRE NOM irish blue terrier

POIDS 15 à 17 kg

HAUTEUR AU GARROT 46 à 48 cm

Barbe abondante nécessitant un entretien régulier

Cou vigoureux s'allongeant jusqu'aux épaules tombantes

Extrémités petites, couvertes de poils denses

UN PEU D'HISTOIRE Ce chien, nommé chien national d'Irlande par décret gouvernemental, fut élaboré dans le comté de Kerry. En 1922, le standard de la race fut fixé par une éleveuse britannique, Casey Hewitt, ce qui permit la reconnaissance internationale du kerry blue terrier.

Queue portée droite

Robe fournie, douce et soyeuse, entretenue aux ciseaux

Soft-coated wheaten terrier

Probablement le plus doux des terriers irlandais, le wheaten est récemment devenu un compagnon apprécié et très en vogue au Canada et aux États-Unis. Sa popularité tout à fait méritée est due à ses grandes facultés d'adaptation. Une loi ancienne interdisait aux paysans de posséder des chiens de chasse : ce spécimen fut élaboré afin de contourner cette restriction. Le wheaten est un chien de compagnie facile à dresser et obéissant.

CARTE D'IDENTITÉ

PAYS D'ORIGINE Irlande

APPARITION DE LA RACE XVIIIe siècle

FONCTIONS PREMIÈRES chien de troupeau, ratier

FONCTION ACTUELLE chien de compagnie

DURÉE DE VIE 13 à 14 ans

POIDS 16 à 20 kg

HAUTEUR AU GARROT 46 à 48 cm

UN PEU D'HISTOIRE Le soft-coated wheaten terrier est apparenté à la fois au kerry blue et à d'autres terriers irlandais. Issu des comtés de Kerry et de Cork, au sud de l'Irlande, il fut, des siècles durant, un chien de travail : gardien, berger et chasseur.

Tête plate et allongée

Oreilles petites, en forme de « V » et portées en avant

Cou long et puissant

Pelage doux ondulé aux boucles lâches, couleur de blé mûr

Extrémités petites et compactes, ornées d'ongles noirs

TERRIER GLEN D'IMAAL

Oreilles retombant naturellement

Ce spécimen, le glen of imaal terrier, race la plus rare de terriers irlandais, partage avec les autres chiens « paysans » de l'île un caractère très affirmé. Avant que l'élevage sélectif n'améliore ses manières peu raffinées, c'était un chasseur impitoyable de renards et de blaireaux, son corps compact lui permettant de suivre sa proie dans les terriers, où il livrait un combat à mort. Il fut utilisé pour des combats de chiens. Exposé pour la première fois en 1933, le glen actuel, relativement calme, est un compagnon affectueux même s'il a tendance à se quereller avec ses congénères.

FAUVE

BLEU

ROUX BRINGÉ

NOIR BRINGÉ

Pelage rêche, de longueur moyenne recouvrant un sous-poil fin, très isolant

Extrémités légèrement bombées, ornées de griffes noires et de coussinets fermes

CARTE D'IDENTITÉ

PAYS D'ORIGINE Irlande

APPARITION DE LA RACE XVIIIᵉ siècle

FONCTION PREMIÈRE ratier

FONCTION ACTUELLE chien de compagnie

DURÉE DE VIE 13 à 14 ans

AUTRE NOM glen of imaal terrier

POIDS 15,5 à 16,5 kg

HAUTEUR AU GARROT 35,5 à 36,5 cm

UN PEU D'HISTOIRE Ce chien ancien, à l'origine inconnue, porte le nom de l'Imaal, vallée située à l'est de l'Irlande. Robuste et témoignant de grandes facultés d'adaptation, sa morphologie le rend apte à la chasse sur le sol accidenté du Glen.

Corps bas sur pattes, allongé, compact et robuste

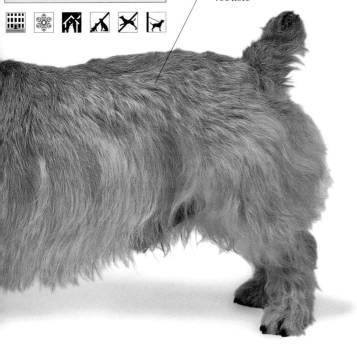

TERRIER DU NORFOLK

À l'exception des oreilles, l'aspect du norfolk terrier est identique à celui du terrier de Norwich, avec lequel il partage également ses origines, son tempérament et sa fonction. Le norfolk est un petit chien délicieux, malgré son instinct de prédateur envers les rongeurs. Comme presque tous les terriers, il doit être présenté aux chats avec doigté. Robuste et affectueux, c'est un excellent compagnon. Il aboie en présence d'étrangers ou de bruits inhabituels. Se plaisant à la ville comme à la campagne, il apprécie particulièrement un petit jardin où il peut se dépenser à sa guise.

Extrémités petites et rondes, aux coussinets fermes

CARTE D'IDENTITÉ

PAYS D'ORIGINE Grande-Bretagne

APPARITION DE LA RACE XIXᵉ siècle

FONCTION PREMIÈRE ratier

FONCTION ACTUELLE chien de compagnie

DURÉE DE VIE 14 ans

AUTRE NOM norfolk terrier

POIDS 5 à 5,5 kg

HAUTEUR AU GARROT 24,5 à 25,5 cm

FAUVE

ROUGE

NOIR ET
FEU

GRISONNÉ

*Pelage dur,
raide et rêche*

*Oreilles aux
extrémités
légèrement
arrondies*

UN PEU
D'HISTOIRE

Les terriers
de Norwich
produisaient des
chiots aux oreilles
dressées, et d'autres
aux oreilles tombantes.
Le norfolk terrier, aux
oreilles tombantes, fut
désigné comme race à
part entière en 1965.

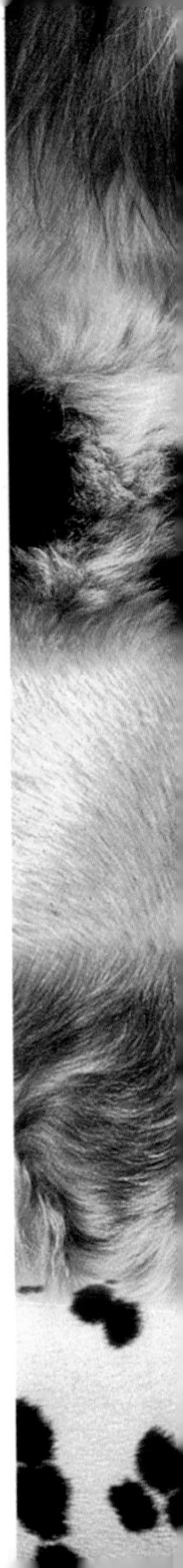

TERRIER DE NORWICH

Le norwich terrier, qui fait partie des petits terriers, existe depuis plus d'un siècle dans l'est de l'Angleterre. À la fin du XIXe siècle, des étudiants de l'université de Cambridge utilisèrent ce chien comme mascotte, mais ce n'est qu'à partir de 1935 qu'il fut exposé en tant que race distincte. Animal autoritaire, c'est un chien domestique idéal, qui s'entend particulièrement bien avec les enfants. Moins difficile à éduquer que la plupart des autres terriers, il adore se dépenser.

CARTE D'IDENTITÉ

PAYS D'ORIGINE Grande-Bretagne

APPARITION DE LA RACE XIXe siècle

FONCTION PREMIÈRE ratier

FONCTION ACTUELLE chien de compagnie

DURÉE DE VIE 14 ans

AUTRE NOM norwich terrier

POIDS 5 à 5,5 kg

HAUTEUR AU GARROT 25 à 26 cm

Corps ramassé et compact, doté d'une large cage thoracique

Tête légèrement arrondie

Oreilles portées droites

UN PEU D'HISTOIRE Des meutes de petits terriers rouges, issus de terriers irlandais, existaient au XIXe siècle. Le terrier de Norwich, descend soit de ces spécimens, soit du trumpington terrier, aujourd'hui disparu.

FROMENT

ROUGE

NOIR ET FEU

GRISONNÉ

Arrière-train puissamment musclé

BORDER TERRIER

Terrier authentique et rude, peu différent de ce qu'il était à l'origine, le border terrier est suffisamment petit pour pouvoir suivre un renard dans la plus étroite des galeries, mais ses pattes sont assez longues pour accompagner un cavalier. Il n'a jamais bénéficié de la popularité des autres terriers dans les expositions canines, ce qui explique pourquoi il a conservé son aspect et sa fonction d'origine. Son pelage résistant le protège des intempéries ; ses pattes hautes et son énergie lui permettent d'accomplir les tâches les plus fatigantes. En outre, c'est un chien domestique très agréable.

UN PEU D'HISTOIRE

On ignore les origines exactes de cette race, mais on sait qu'à la fin du XVIIIe siècle elle existait déjà sous sa forme actuelle dans les régions frontalières de l'Angleterre et de l'Écosse.

CARTE D'IDENTITÉ

PAYS D'ORIGINE Grande-Bretagne

APPARITION DE LA RACE XVIIIe siècle

FONCTIONS PREMIÈRES ratier, débusquer le renard

FONCTIONS ACTUELLES chien de chasse, de compagnie

DURÉE DE VIE 13 à 14 ans

POIDS 5 à 7 kg

HAUTEUR AU GARROT 25 à 28 cm

FROMENT

FAUVE

GRISONNÉ   BLEU ET FEU

*Yeux
sombres
très alertes*

*Petites
oreilles
en forme
de « V »*

*Poil
dense
et rude*

*Museau
court*

*Pattes
postérieures
aux jarrets
vigoureux*

CAIRN TERRIER

Avant d'être récemment supplanté par le west highland white terrier et le yorkshire terrier, le cairn était le terrier le plus populaire de Grande-Bretagne. Au début du XXᵉ siècle, les éleveurs s'efforcèrent de conserver à ce spécimen son pelage hirsute, son corps puissant et ses talents de chasseur. Ce chien, qui s'adapte aussi bien à la ville qu'à la campagne, fait un bon chien de garde. Les mâles, en particulier, peuvent se montrer autoritaires ; il est impératif de les surveiller de près lorsqu'ils rencontrent des enfants pour la première fois. La petite taille du cairn, sa bonne santé et sa docilité en font cependant un compagnon très agréable.

Avant-bras relativement allongés

CRÈME

FROMENT

PRESQUE NOIR

GRIS

ROUGE

Extrémités antérieures plus grandes que les extrémités postérieures

UN PEU D'HISTOIRE Le cairn provient peut-être de l'île écossaise de Skye où, à l'époque de Marie Stuart, on le dressait déjà pour débusquer les renards.

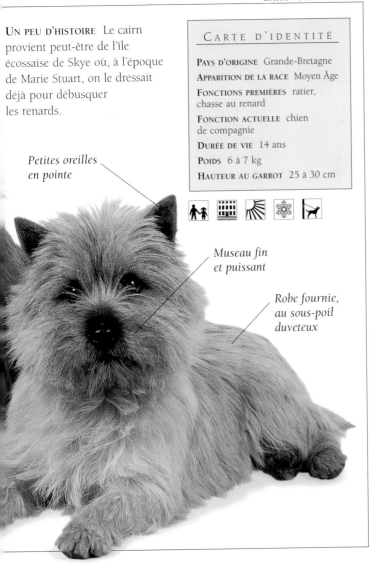

CARTE D'IDENTITÉ

PAYS D'ORIGINE Grande-Bretagne

APPARITION DE LA RACE Moyen Âge

FONCTIONS PREMIÈRES ratier, chasse au renard

FONCTION ACTUELLE chien de compagnie

DURÉE DE VIE 14 ans

POIDS 6 à 7 kg

HAUTEUR AU GARROT 25 à 30 cm

Petites oreilles en pointe

Museau fin et puissant

Robe fournie, au sous-poil duveteux

WEST HIGHLAND WHITE TERRIER

Bien que le west highland white terrier et le cairn terrier aient un ancêtre commun, la sélection artificielle a produit deux races aux tempéraments quelque peu différents. Le « westie » (ainsi que le terrier écossais) est mondialement connu car il sert de support à une marque de whisky. En outre, les chiens blancs, considérés comme porte-bonheur, sont très appréciés en Grande-Bretagne, en Europe, en Amérique du Nord et au Japon. De tempérament nerveux, très sensible et affectueux, le west highland white terrier a besoin de beaucoup d'attention et d'un exercice régulier.

Pelage
rêche

CARTE D'IDENTITÉ

PAYS D'ORIGINE Grande-Bretagne

APPARITION DE LA RACE XIXe siècle

FONCTION PREMIÈRE ratier

FONCTION ACTUELLE chien de compagnie

DURÉE DE VIE 14 ans

AUTRE NOM « westie »

POIDS 7 à 10 kg

HAUTEUR AU GARROT 25 à 28 cm

*Petites
oreilles
droites très
pointues*

*Yeux
légèrement
enfoncés,
très écartés*

*Tête
abondamment
poilue*

UN PEU D'HISTOIRE
Le cairn terrier
donnait parfois
naissance à des chiots
blancs. Des éleveurs
écossais favorisèrent
cette caractéristique,
obtenant ainsi
une race d'animaux
visibles sur la lande
écossaise.

TERRIER DE SKYE

Très populaire depuis des siècles, le skye terrier fut à une certaine époque la race favorite des cours royales d'Écosse et d'Angleterre. Le chien le plus célèbre d'Écosse, Greyfriar's Bobby, était, dit-on, un terrier de Skye. Après la mort de son premier maître, au milieu du XIX siècle, Bobby, pourtant adopté par d'autres foyers accueillants, s'échappa régulièrement pour se réfugier dans le café préféré de son maître disparu, jusqu'à sa propre mort. Une statue en mémoire de cet animal exemplaire se dresse près de l'église franciscaine d'Édimbourg.

UN PEU D'HISTOIRE Ce terrier aux poils particulièrement longs porte le nom de son île native. Il fut autrefois abondamment utilisé pour débusquer les loutres, les blaireaux et les belettes. Il est aujourd'hui un compagnon très apprécié, bien adapté à la vie citadine.

Robe longue et raide

CARTE D'IDENTITÉ

PAYS D'ORIGINE Grande-Bretagne

APPARITION DE LA RACE XVII siècle

FONCTION PREMIÈRE chasse au petit gibier

FONCTION ACTUELLE chien de compagnie

DURÉE DE VIE 13 ans

AUTRE NOM skye terrier

POIDS 8,5 à 10,5 kg

HAUTEUR AU GARROT 23 à 25 cm

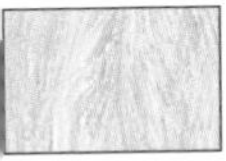

CRÈME

FAUVE

GRIS

NOIR

*Yeux
dissimulés
par les poils*

*Nez noir,
aux grandes
narines, bien
ouvertes*

TERRIER ÉCOSSAIS

Le scottish terrier, chien solide, calme, presque austère, est depuis toujours plus populaire en Amérique du Nord qu'en Grande-Bretagne. Le président Franklin Delano Roosevelt voyageait souvent avec son « scottie », Fala, et Walt Disney contribua à sa popularité avec son film *La Belle et le Clochard*. Le terrier écossais, réservé et un peu distant, est un chien de compagnie et un excellent gardien.

CARTE D'IDENTITÉ

PAYS D'ORIGINE Grande-Bretagne

APPARITION DE LA RACE XIXe siècle

FONCTION PREMIÈRE chasse aux petits mammifères

FONCTION ACTUELLE chien de compagnie

DURÉE DE VIE 13 à 14 ans

AUTRE NOM scottish terrier

POIDS 8,5 à 10,5 kg

HAUTEUR AU GARROT 25 à 28 cm

Sourcils longs, très caractéristiques

Pelage épais et rêche, au sous-poil doux

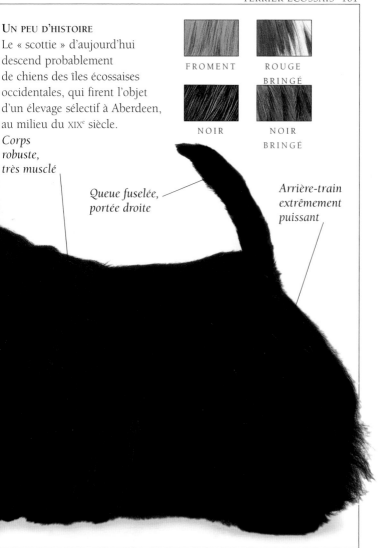

UN PEU D'HISTOIRE
Le « scottie » d'aujourd'hui
descend probablement
de chiens des îles écossaises
occidentales, qui firent l'objet
d'un élevage sélectif à Aberdeen,
au milieu du XIXe siècle.

FROMENT

ROUGE
BRINGÉ

NOIR

NOIR
BRINGÉ

*Corps
robuste,
très musclé*

*Queue fuselée,
portée droite*

*Arrière-train
extrêmement
puissant*

DANDIE DINMONT TERRIER

L es origines du dandie dinmont sont sujettes à conjectures : a-t-il pour ancêtre le skye, le bedlington, des types anciens de terriers écossais, l'otterhound ou un basset des Flandres ? On remarque qu'il ne présente pas le comportement caractéristique du terrier, lequel ne renonce jamais à sa proie. Chien docile, doté cependant d'un aboiement sonore, il peut se montrer belliqueux si on le provoque un peu trop. Ni querelleur ni hargneux, c'est un chien domestique obéissant, qui aime la compagnie des enfants. Très loyal, c'est également un bon gardien. Bien qu'il apprécie tout particulièrement l'exercice, il se contente très bien de jouer dans la maison ou dans le jardin.

CARTE D'IDENTITÉ

PAYS D'ORIGINE Grande-Bretagne

APPARITION DE LA RACE XVIIe siècle

FONCTIONS PREMIÈRES chasse au blaireau, au rat

FONCTION ACTUELLE chien de compagnie

DURÉE DE VIE 13 à 14 ans

POIDS 8 à 11 kg

HAUTEUR AU GARROT 20 à 28 cm

POIVRE

MOUTARDE

Des poils rêches ornent l'extrémité de la queue

UN PEU D'HISTOIRE

Curieusement baptisé du nom
d'un personnage de *Guy
Mannering*, roman de
Walter Scott, ce petit
chien, si l'on en croit
des portraits anciens,
était très apprécié des
aristocrates bien avant
de recevoir son nom.
Il est peut être
issu des chiens de
bohémiens du sud
de l'Écosse.

*Cou long
et musclé*

BEDLINGTON TERRIER

Selon certains spécialistes, le whippet, l'otterhound et le dandie dinmont sont les ancêtres de ce chien impossible à confondre avec un autre. Son aspect, proche de celui du mouton, cache un comportement typique de terrier, traquant sa proie sans pitié. Attention, si le bedlington terrier est privé d'exercice, il peut se montrer destructeur.

CARTE D'IDENTITÉ

PAYS D'ORIGINE Grande-Bretagne

APPARITION DE LA RACE XIXe siècle

FONCTIONS PREMIÈRES chasse au blaireau, au rat

FONCTION ACTUELLE chien de compagnie

DURÉE DE VIE 14 à 15 ans

AUTRE NOM rothbury terrier

POIDS 8 à 10 kg

HAUTEUR AU GARROT 38 à 43 cm

La robe est constituée à part égale de poils de dessus et de sous-poil

Membres postérieurs aussi musclés que ceux d'un whippet

FOIE

SABLE

BLEU

Lèvres
bien
serrées

Ce toilettage
a laissé une
touffe de poils
ornementaux
à l'extrémité
des oreilles

UN PEU D'HISTOIRE
Des bohémiens
braconniers, qui
vivaient dans la forêt
de Rothbury, près de
la frontière écossaise,
élevaient des chiens
rapides nommés
rothburys terriers.
Le bedlington, exposé
pour la première fois
en 1870, descend
de ces animaux.

TERRIER DE SEALYHAM

Le sealyham est un chien autoritaire et indépendant, très apprécié dans les expositions canines. Son aptitude ancienne à traquer les blaireaux et les loutres sur leur propre terrain s'est transformée en attitude agressive envers ses congénères. Après un siècle d'élevage comme animal de compagnie, ce spécimen, le mâle en particulier, a besoin d'un dressage ferme. Dans les années 1930, il était très apprécié, surtout en Amérique du Nord. Aujourd'hui, presque inconnu en dehors des pays anglo-saxons, il a tendance à se raréfier sur sa terre natale.

UN PEU D'HISTOIRE Plusieurs terriers furent utilisés pour produire ce chien chasseur, qui suivait ses proies dans les galeries, sur terre et dans l'eau.

Cuisses très puissantes _____

Robe longue et rêche, _____ *qui nécessite un toilettage soigneux pour les concours*

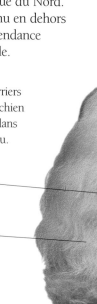

CARTE D'IDENTITÉ

PAYS D'ORIGINE Grande-Bretagne
APPARITION DE LA RACE années 1870
FONCTIONS PREMIÈRES chasse
au blaireau, à la loutre
FONCTION ACTUELLE chien
de compagnie
DURÉE DE VIE 14 ans
AUTRE NOM sealyham terrier
POIDS 8 à 9 kg
HAUTEUR AU GARROT 25 à 30 cm

*Yeux de taille
moyenne,
ronds et
sombres*

*Poils brossés
sur les yeux
pour les
expositions*

*Oreilles aux
extrémités arrondies*

*Les poils
longs
donnent
au museau
un aspect
carré*

*Extrémités arrondies
et félines, ornées
de coussinets épais*

FOX-TERRIER À POIL LISSE

Chaque comté anglais possédait jadis son propre terrier. Les gènes du cheshire terrier et du shropshire terrier, aujourd'hui disparus, sont probablement encore présents chez le fox-terrier, mêlés à ceux du beagle. Autrefois chien de travail, ce spécimen aimable, au caractère fort, peut se montrer têtu. Bien dressé, il devient un compagnon délicieux dont la joie de se dépenser et l'agilité se révèlent particulièrement à la campagne.

CARTE D'IDENTITÉ

PAYS D'ORIGINE Grande-Bretagne

APPARITION DE LA RACE XVIIIe siècle

FONCTIONS PREMIÈRES ratier, débusquer le renard

FONCTION ACTUELLE chien de compagnie

DURÉE DE VIE 13 à 14 ans

AUTRE NOM smooth fox-terrier

POIDS 7 à 8 kg

HAUTEUR AU GARROT 38,5 à 39,5 cm

BLANC

BLANC ET FEU

NOIR ET FEU

Extrémités rondes et compactes

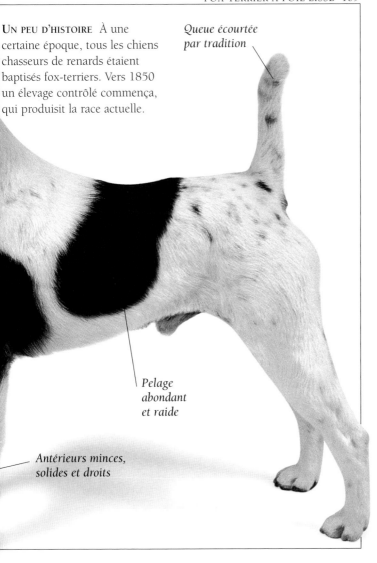

UN PEU D'HISTOIRE À une certaine époque, tous les chiens chasseurs de renards étaient baptisés fox-terriers. Vers 1850 un élevage contrôlé commença, qui produisit la race actuelle.

Queue écourtée par tradition

Pelage abondant et raide

Antérieurs minces, solides et droits

FOX-TERRIER À POIL DUR

Plus apprécié que son homologue à poil lisse, le fox à poil dur n'apparut dans les expositions canines que vingt ans après ce dernier, dans les années 1870. Dans les années 1930, il connut une période de popularité, suivie d'un déclin au terme duquel il retrouva la faveur du public en tant que race anglaise « classique ». Peu démonstratif, ce chien têtu peu devenir un peu hargneux. Il a conservé, depuis ses origines, un goût très prononcé pour creuser des trous, et se montre belliqueux avec ses congénères. Avec son maître, il est très affectueux, fidèle, parfois possessif.

Pelage dense et rêche, très résistant

BLANC

BLANC ET NOIR

BLANC ET FEU

Poids bien réparti

UN PEU D'HISTOIRE Le terrier
blanc (white-haired terrier)
des régions minières
de Grande-Bretagne est
probablement un ancêtre
du fox à poil dur, terrier
par excellence.

*Pli de l'oreills
très au-dessus de
la ligne des yeux*

*Moustaches
très fournies*

*Épaules
inclinées
vers l'arrière*

*Antérieurs
minces
et droits*

CARTE D'IDENTITÉ

PAYS D'ORIGINE Grande-Bretagne
APPARITION DE LA RACE XIXᵉ siècle
FONCTIONS PREMIÈRES débusquer
le renard, chasser les petits
mammifères, les lapins
FONCTION ACTUELLE chien
de compagnie
DURÉE DE VIE 13 à 14 ans
AUTRE NOM wire fox-terrier
POIDS 7 à 8 kg
HAUTEUR AU GARROT 38,5 à 39,5 cm

TERRIER DU RÉVÉREND JACK RUSSELL

Version moins commune du jack russell, terrier le plus apprécié en Grande-Bretagne, ce chien a gardé une caractéristique exigée par ses premiers éleveurs : de longues pattes – celles-ci lui permettaient de suivre les chevaux à la chasse. Le pasteur anglican qui développa la race préférait les chiens blancs ; aujourd'hui, sont acceptées à la fois les variétés à poil lisse et à poil dur. Énergique et robuste, ce spécimen, excellent chien de compagnie, a besoin d'un exercice régulier.

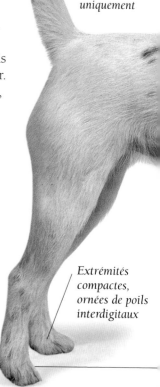

Queue coupée chez les chiens de travail uniquement

Extrémités compactes, ornées de poils interdigitaux

CARTE D'IDENTITÉ

PAYS D'ORIGINE Grande-Bretagne
APPARITION DE LA RACE XIXᵉ siècle
FONCTIONS PREMIÈRES chasser, débusquer le renard
FONCTION ACTUELLE chien de compagnie
DURÉE DE VIE 13 à 14 ans
AUTRE NOM parson jack russel terrier
POIDS 5 à 8 kg
HAUTEUR AU GARROT 28 à 38 cm

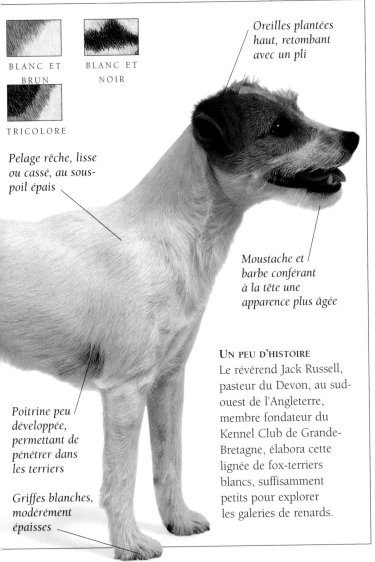

BLANC ET
BRUN

BLANC ET
NOIR

TRICOLORE

*Oreilles plantées
haut, retombant
avec un pli*

*Pelage rêche, lisse
ou cassé, au sous-
poil épais*

*Moustache et
barbe conférant
à la tête une
apparence plus âgée*

UN PEU D'HISTOIRE
Le révérend Jack Russell,
pasteur du Devon, au sud-
ouest de l'Angleterre,
membre fondateur du
Kennel Club de Grande-
Bretagne, élabora cette
lignée de fox-terriers
blancs, suffisamment
petits pour explorer
les galeries de renards.

*Poitrine peu
développée,
permettant de
pénétrer dans
les terriers*

*Griffes blanches,
modérément
épaisses*

JACK RUSSELL TERRIER

Le jack russell, chien populaire de ville et de campagne, est un « paquet de muscles » hyperactif et exubérant. Il peut se montrer hargneux et agressif avec tout ce qui bouge, y compris les humains, mais il adore jouer et se montre, dans la plupart des circonstances, très affectueux avec ses maîtres comme avec les étrangers.

Museau plutôt long et pointu, à la truffe noire et aux lèvres pigmentées de noir

Poitrine relativement étroite

CARTE D'IDENTITÉ

PAYS D'ORIGINE Grande-Bretagne

APPARITION DE LA RACE XIXe siècle

FONCTION PREMIÈRE ratier

FONCTIONS ACTUELLES ratier, chien de compagnie

DURÉE DE VIE 13 à 14 ans

POIDS 4 à 7 kg

HAUTEUR AU GARROT 25 à 26 cm

UN PEU D'HISTOIRE Presque identique au terrier du révérend Jack Russell, quoique doté de pattes plus courtes, ce chien est extrêmement populaire en Grande-Bretagne. Élaboré à l'origine pour exterminer les rats, il a conservé son instinct de tueur.

BLANC ET
NOIR

BLANC ET
BRUN

TRICOLORE

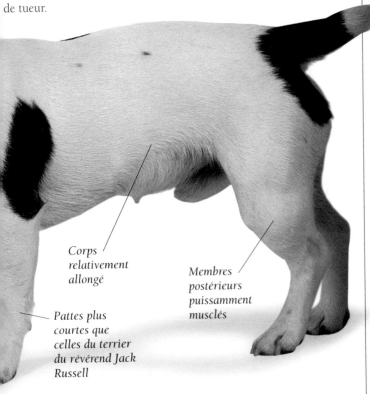

Corps
relativement
allongé

Membres
postérieurs
puissamment
musclés

Pattes plus
courtes que
celles du terrier
du révérend Jack
Russell

Terrier de Manchester

Ce chien fin et athlétique atteignit le sommet de sa popularité il y a un siècle environ, lorsqu'on le baptisait « english gentleman's terrier » (terrier du gentleman anglais). On crut longtemps, par erreur, que ce spécimen, exporté en Amérique du Nord et en Allemagne, avait été utilisé pour donner au doberman sa couleur noir et feu. Son déclin s'amorça lorsque les combats contre les rats passèrent de mode. Bien que prompt à s'énerver, c'est un compagnon vif et robuste.

CARTE D'IDENTITÉ

PAYS D'ORIGINE Grande-Bretagne

APPARITION DE LA RACE XVIᵉ siècle

FONCTIONS PREMIÈRES ratier, chasse au lapin

FONCTION ACTUELLE chien de compagnie

DURÉE DE VIE 13 à 14 ans

AUTRES NOMS manchester terrier, black-and-tan terrier

POIDS 5 à 10 kg

HAUTEUR AU GARROT 38 à 41 cm

Robe épaisse, lisse et luisante, rêche au toucher

Petites oreilles pliées, en forme de « V »

Petits yeux brillants

Corps plutôt ramassé, au sternum bien développé et au dos légèrement arrondi

Museau effilé aux muscles des joues non apparents

UN PEU D'HISTOIRE

Les terriers noir et feu existèrent en Grande-Bretagne pendant plusieurs siècles. Au XIXᵉ siècle, John Hulme, éleveur de Manchester, croisa ces animaux avec des whippets, produisant ainsi ce chasseur de rats et de lapins, fin et agile. Aujourd'hui, le manchester est devenu rare.

Antérieurs bien proportionnés, aux extrémités fines et petites

TOY TERRIER

Chien relativement rare, même dans son pays d'origine,
ce spécimen descend des terriers de Manchester.
Du sang de petit lévrier italien aurait été introduit dans
la race afin de stabiliser sa taille, ce qui expliquerait son dos
bombé. Toutefois, il possède un authentique
caractère de terrier. Les chiens de cette race
ont eu des aspects différents selon
les époques, certains individus variant
par la taille, la cambrure du dos,
ou la forme des oreilles. Désormais
stabilisé, le toy terrier est
cependant peu susceptible
de devenir aussi apprécié que
le pinscher nain, d'aspect
similaire. C'est un compagnon
très agréable qui s'adapte
à la ville.

*Queue épaisse
à la racine,
s'effilant
jusqu'à
la pointe*

*Croupe bien
arrondie*

*Extrémités compactes
et délicates*

UN PEU D'HISTOIRE Ce chien fit sensation à sa création, il y a 100 ans environ. Mais il souffrit longtemps de problèmes de santé. Depuis, les éleveurs s'efforcent d'améliorer sa constitution et son apparence.

Oreilles en forme de flamme, légèrement pointues

Tête triangulaire longue et étroite, au crâne plat

Poitrine étroite bien descendue sur laquelle s'attachent des antérieurs fins et droits

Robe épaisse et lisse, constituée de poils courts, denses et brillants

CARTE D'IDENTITÉ

PAYS D'ORIGINE Grande-Bretagne

APPARITION DE LA RACE XIXe siècle

FONCTIONS PREMIÈRES ratier, chasse au lapin

FONCTION ACTUELLE chien de compagnie

DURÉE DE VIE 12 à 13 ans

AUTRES NOMS english toy terrier, black-and-tan toy terrier, toy manchester terrier

POIDS 3 à 4 kg

HAUTEUR AU GARROT 25 à 30 cm

BULL-TERRIER

Chez le bull-terrier, la force du bulldog fut combinée à la ténacité du terrier pour élaborer le chien de combat par excellence, destiné à participer au *bull-baiting*, épreuves de combat contre des taureaux. Au début très agressif et susceptible, ce chien fut ensuite amélioré par les éleveurs pour devenir le spécimen actuel, qui est beaucoup plus sociable. Ce chien plutôt doux, fidèle et affectueux, qui a moins tendance à mordre que la moyenne de ses congénères, est un compagnon très agréable. Mais lorsqu'il lui arrive de mordre, les blessures sont souvent graves car il ne lâche pas sa proie.

CARTE D'IDENTITÉ

PAYS D'ORIGINE Grande-Bretagne

APPARITION DE LA RACE XIXe siècle

FONCTIONS PREMIÈRES chien de combat, de compagnie

FONCTION ACTUELLE chien de compagnie

DURÉE DE VIE 11 à 13 ans

AUTRE NOM english bull-terrier

POIDS 24 à 28 kg

HAUTEUR AU GARROT 53 à 56 cm

La tête s'effile régulièrement, du sommet du crâne à la truffe

Poitrine très développée, abritant une cage thoracique ample

Extrémités compactes et arrondies aux doigts nets

BLANC

FAUVE

ROUGE

TRICOLORE

Oreilles fines et rapprochées

NOIR
BRINGÉ

UN PEU D'HISTOIRE C'est l'Anglais James Hinks de Birmingham qui croisa un bulldog avec un white english terrier (race aujourd'hui disparue) pour obtenir ce combattant stupéfiant, le bull-terrier. Le chien devint et est resté un compagnon à la mode.

Queue courte, portée à l'horizontale

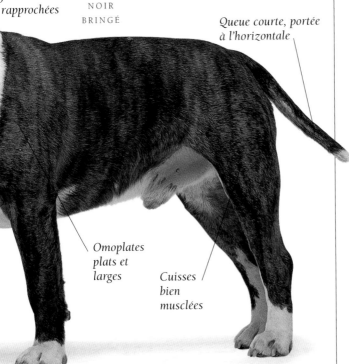

Omoplates plats et larges

Cuisses bien musclées

BULL-TERRIER DU STAFFORDSHIRE

Les individus de cette race manifestent indéniablement une double personnalité. Aucun chien n'est plus aimant avec sa famille d'adoption, avec les étrangers, voire avec les vétérinaires, que ce composé d'os et de muscles épais. Ayant besoin de beaucoup d'affection, il s'efforce de se faire accepter facilement. Toutefois, lorsqu'il aperçoit un autre chien – ou n'importe quel autre animal –, il montre soudain un tout autre aspect de son caractère, se laissant envahir par un désir de détruire l'intrus. Une sélection précise a tenté de réduire cette tendance, sans pouvoir l'éliminer tout à fait. Le staffordshire est de plus en plus apprécié dans le monde entier.

UN PEU D'HISTOIRE Ce chien puissamment musclé et très affectueux est le résultat de croisements entre des chiens de *bull-baiting* et des terriers locaux fins, agiles et exubérants. Il fut élaboré pour participer à la chasse au rat et aux combats de chiens.

Membres postérieurs bien musclés, d'un parallélisme parfait

Pelage court et lisse existant dans toutes les couleurs, sauf foie, et noir et feu

Tête courte et large, au crâne imposant

Oreilles petites, bien écartées, à moitié dressées, qui retombent loin des joues

Yeux arrondis de taille moyenne, au regard droit, conférant une bonne vision binoculaire

Muscles des joues prononcés et puissants

Antérieurs bien écartés

Extrémités moyennes et solides, aux coussinets épais

CARTE D'IDENTITÉ

PAYS D'ORIGINE Grande-Bretagne
APPARITION DE LA RACE XIXᵉ siècle
FONCTIONS PREMIÈRES ratier, chien de combat
FONCTION ACTUELLE chien de compagnie
DURÉE DE VIE 11 à 12 ans
AUTRE NOM staffordshire bull-terrier
POIDS 11 à 17 kg
HAUTEUR AU GARROT 36 à 41 cm

COULEURS VARIÉES

STAFFORDSHIRE TERRIER AMÉRICAIN

Comme son proche parent britannique, le « staff américain » peut se montrer extrêmement gentil et affectueux avec les humains, tout en représentant un danger mortel pour les autres chiens. Tous les membres de cette race, les mâles en particulier, ont besoin d'une période de socialisation dans les premiers mois afin d'atténuer leur instinct de chien d'attaque. Ce spécimen est un compagnon loyal et obéissant. Toutefois, descendant de chiens de *bull-baiting* et de chiens de combat, il garde des mâchoires puissantes qui ne lâchent pas leur proie et peuvent infliger des blessures très graves.

UN PEU D'HISTOIRE Très proche, à l'origine, du staffordshire bull-terrier, ce spécimen fut élaboré par les Américains qui développèrent sa taille, son poids et sa puissance. La race fut reconnue en 1936.

TOUTES LES COULEURS

Cou court et lourdement musclé, prolongé par des antérieurs puissants

CARTE D'IDENTITÉ

PAYS D'ORIGINE États-Unis
APPARITION DE LA RACE XIXᵉ siècle
FONCTIONS PREMIÈRES *bull-baiting,* chien de combat
FONCTION ACTUELLE chien de compagnie
DURÉE DE VIE 12 ans
AUTRE NOM american staffordshire terrier
POIDS 18 à 23 kg
HAUTEUR AU GARROT 43 à 48 cm

*Queue
effilée de
longueur
moyenne*

*Membres
antérieurs très
longs et ossus*

*Extrémités
fortes, aux
coussinets épais*

Terrier de Boston

Raffiné, alerte et sensible, ce chien de Nouvelle-Angleterre, apprécié depuis très longtemps en Amérique du Nord, se révèle un compagnon vif, joyeux et fidèle. De terrier il n'a que le nom, car il a perdu son instinct de combat à mort, préférant la fréquentation des êtres humains. Toutefois, il intimide les autres chiens qui tentent de pénétrer sur son territoire. Comme chez les autres races de chiens à tête développée, il faut parfois procéder à des césariennes lors de la mise bas des chiots. Les éleveurs ont cependant déjà réussi à réduire la taille du crâne tout en conservant à l'animal sa beauté originelle.

Cuisses fortes, puissamment musclées

CARTE D'IDENTITÉ

PAYS D'ORIGINE États-Unis

APPARITION DE LA RACE XIXᵉ siècle

FONCTIONS PREMIÈRES ratier, chien de compagnie

FONCTION ACTUELLE chien de compagnie

DURÉE DE VIE 13 ans

AUTRE NOM boston terrier

POIDS 4,5 à 11,5 kg

HAUTEUR AU GARROT 38 à 43 cm

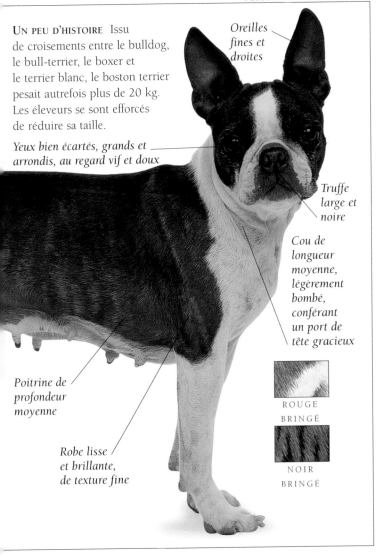

Un peu d'histoire Issu de croisements entre le bulldog, le bull-terrier, le boxer et le terrier blanc, le boston terrier pesait autrefois plus de 20 kg. Les éleveurs se sont efforcés de réduire sa taille.

Oreilles fines et droites

Yeux bien écartés, grands et arrondis, au regard vif et doux

Truffe large et noire

Cou de longueur moyenne, légèrement bombé, conférant un port de tête gracieux

Poitrine de profondeur moyenne

Robe lisse et brillante, de texture fine

ROUGE BRINGÉ

NOIR BRINGÉ

TOY TERRIER AMÉRICAIN

Ce petit terrier robuste a conservé toute la passion de ses ancêtres chasseurs de renards. Rude, vif et têtu, il se sent autant à l'aise dans une ferme qu'à la ville. Excellent ratier, il est cependant utilisé le plus souvent comme chien de compagnie, et se révèle alors joyeux et très amusant. C'est également un assistant remarquable pour les personnes atteintes de surdité : on peut le dresser à conduire son maître jusqu'à la source d'un son, tel que celui du téléphone.

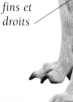

Antérieurs fins et droits

CARTE D'IDENTITÉ

PAYS D'ORIGINE États-Unis

APPARITION DE LA RACE années 1930

FONCTION PREMIÈRE ratier

FONCTION ACTUELLE chien de compagnie

DURÉE DE VIE 13 à 14 ans

AUTRE NOM american toy terrier

POIDS 2 à 3 kg

HAUTEUR AU GARROT 24,5 à 25,5 cm

BLANC ET FEU

TRICOLORE

BLANC ET NOIR

UN PEU D'HISTOIRE Reconnue en 1936, cette race fut élaborée grâce à des croisements de spécimens fox-terriers à poil lisse tout petits, avec des toy terriers et des chihuahuas.

Grandes oreilles en forme de « V », bien droites

Petit museau étroit ; crâne moins bombé que celui du chihuahua

Queue coupée en fonction de la mode

Pelage lisse, aux poils courts et raides

Extrémités compactes et délicates

PINSCHER NAIN

D'aspect très similaire à celui du toy terrier, le pinscher nain a évolué de façon très différente, mais avec la même visée : la création d'un chien ratier (*Pinscher* signifie « terrier » en allemand). Bien qu'il ressemble à un petit doberman, il est apparu deux cents ans avant ce dernier, avec lequel il n'a en commun que le pays d'origine. Aujourd'hui, ce petit chien joyeux, uniquement employé comme chien de compagnie, a conservé ses talents d'exterminateur. En dépit de sa taille, il ose affronter des chiens dix fois plus gros que lui, et montre une tendance à mordre avant même d'évaluer la situation.

Queue amputée – opération illégale dans de nombreux pays

En position debout, membres postérieurs bien écartés

Carte d'identité

PAYS D'ORIGINE Allemagne

APPARITION DE LA RACE XVIIIᵉ siècle

FONCTION PREMIÈRE ratier

FONCTION ACTUELLE chien de compagnie

DURÉE DE VIE 13 à 14 ans

AUTRE NOM zwergpinscher

POIDS 4 à 5 kg

HAUTEUR AU GARROT 25 à 30 cm

UN PEU D'HISTOIRE Élaboré à partir du pinscher il y a plusieurs siècles, le pinscher nain fut à l'origine un chien trapu, ratier d'étable. Son aspect raffiné actuel est le résultat d'une sélection soignée, plus récente.

Grandes oreilles droites, bien plantées

Pelage court, dense et luisant, régulièrement réparti sur tout le corps

Extrémités compactes aux doigts bien bombés

ROUGE

BLEU

HOCOLAT

PRESQUE NOIR

PINSCHER MOYEN

Son aspect mince et harmonieux, ainsi que sa taille moyenne, en font un chien de compagnie idéal. Pourtant, il est aujourd'hui très peu répandu. Vif et docile à la fois, faisant preuve de grandes facultés d'adaptation, doté d'une voix sonore, c'est un bon chien de garde, réceptif au dressage. À l'instar des autres pinschers et terriers, il ne répugne pas à se quereller avec d'autres chiens ; il faut donc que son maître sache tempérer ses tendances belliqueuses.

FAUVE

BRUN
FONCÉ

NOIR ET
FEU

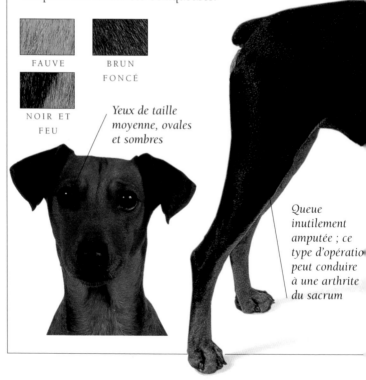

Yeux de taille moyenne, ovales et sombres

Queue inutilement amputée ; ce type d'opératio peut conduire à une arthrite du sacrum

UN PEU D'HISTOIRE Ce grand terrier fut un chien de ferme polyvalent. Il exterminait les rongeurs, surveillait et conduisait les troupeaux, et servait de chien de garde. Ce précurseur du pinscher nain joua un rôle dans l'élaboration du doberman.

Oreilles taillées ; les oreilles non coupées, plantées haut, retombent à mi-hauteur avec un pli naturel

Museau allongé et pointu, orné d'une truffe noire

Pelage court, résistant, lisse et brillant

Corps robuste puissamment musclé, comme celui d'un schnauzer

CARTE D'IDENTITÉ

PAYS D'ORIGINE Allemagne

APPARITION DE LA RACE XVIIIᵉ siècle

FONCTION PREMIÈRE ratier

FONCTION ACTUELLE chien de compagnie

DURÉE DE VIE 12 à 14 ans

AUTRE NOM pinscher

POIDS 11 à 16 kg

HAUTEUR AU GARROT 41 à 48 cm

AFFENPINSCHER

Le sérieux, l'intensité et l'humour de ce petit chien vif dérident la personne la plus soucieuse. Bien qu'il ressemble à un chien de dessin animé, l'affenpinscher, doté de mâchoires réduites, se révèle un ratier exceptionnel. Il sait également poursuivre les cailles et les lapins. Têtu, il ne se laisse pas dresser facilement et manifeste une tendance à mordre. C'est cependant un chien de compagnie joyeux et agréable. Alors qu'il est devenu rare en Allemagne, il s'est répandu en Amérique du Nord. Une variété d'affenpinscher de taille plus grande a disparu au début du XXᵉ siècle.

Pelage rebelle

Queue ornée de poils courts, portée haut

CARTE D'IDENTITÉ

PAYS D'ORIGINE Allemagne

APPARITION DE LA RACE XVIIᵉ siècle

FONCTION PREMIÈRE ratier

FONCTION ACTUELLE chien de compagnie

DURÉE DE VIE 14 à 15 ans

AUTRE NOM griffon singe

POIDS 3 à 3,5 kg

HAUTEUR AU GARROT 25 à 30 cm

*Tête
couverte
de poils
rêches*

Grands yeux
sombres
aux
sourcils
broussailleux

*Moustaches
et barbe
abondantes*

*Poitrine
large,
couverte de
poils denses
et secs*

UN PEU
D'HISTOIRE

L'histoire précise de
cette race ancienne est mal
connue. L'anatomie de ce chien
laisse supposer qu'il est issu
de croisements entre de petits
pinschers locaux et des chiens
asiatiques de type carlin.
Il donna lui-même naissance
aux griffons belges et
aux schnauzers nains.

SCHNAUZER NAIN

En allemand, *Schnauze* signifie « nez » ou « museau » ; ce chien est effectivement doté d'un museau remarquable. Moins exubérant et moins bruyant que les terriers britanniques, il est devenu l'un des chiens citadins favoris en Amérique du Nord. Calme, facile à dresser, aimable avec les enfants et les autres chiens, ne cherchant jamais à mordre, il aime se plier à la routine de la vie de famille. Il se montre aussi un excellent chien de garde et un aboyeur enthousiaste. Bien qu'il perde peu ses poils, son pelage réclame une attention régulière.

CARTE D'IDENTITÉ

PAYS D'ORIGINE Allemagne

APPARITION DE LA RACE XVe siècle

FONCTION PREMIÈRE ratier

FONCTION ACTUELLE chien de compagnie

DURÉE DE VIE 14 ans

AUTRE NOM zwergschnauzer

POIDS 6 à 7 kg

HAUTEUR AU GARROT 30 à 36 cm

Membres postérieurs musclés et bien dégagés, permettant des pointes de vitesse

UN PEU D'HISTOIRE Réplique presque parfaite des schnauzers géant et standard, dont il est issu, le schnauzer nain a également reçu du sang d'affenpinscher et de pinscher nain. Au contraire de ce qu'on affirme souvent, il est peu probable que le caniche ait joué un rôle dans son élaboration.

Yeux naturellement ombragés de sourcils broussailleux

Petites oreilles plantées haut, retombant presque entièrement

Les poils rêches recouvrent un sous-poil doux

Extrémités félines, couvertes de poils bien taillés

NOIR ET ARGENT

POIVRE ET SEL

NOIR

TECKELS

Le mot *Dachshund,* qui signifie chien de blaireau, indique la fonction première de cette race. Depuis un siècle, les teckels sont élevés comme des terriers ; la variété standard poursuit les blaireaux et les renards dans leurs galeries souterraines et la variété naine poursuit les lapins.
Les animaux de concours possèdent des poitrines robustes et des pattes courtes, tandis que les chiens de travail ont des poitrines moins amples et des pattes plus allongées. En Allemagne, où ces chiens travaillent encore, ils sont classés en fonction du tour de poitrine – 30 cm maximum pour le kaninchenteckel (teckel chasseur de lapins) ; de 31 à 35 cm pour le zwergteckel (nain) ; et plus de 35 cm pour le normalschlag (standard). Tous les teckels sont issus de chiens courants, mais, en raison de leurs talents de terriers, ils sont classés dans cette seconde catégorie. Aujourd'hui, la plupart de ces spécimens sont utilisés comme chiens de compagnie.

UN PEU D'HISTOIRE Des sculptures égyptiennes anciennes montrent un pharaon entouré de trois chiens à pattes courtes, peut-être des ancêtres des teckels actuels. Le standard à poil dur est probablement le plus ancien spécimen de la race.

Extrémités reposant sur les coussinets, pas seulement sur les doigts

CARTE D'IDENTITÉ

PAYS D'ORIGINE Allemagne

APPARITION DE LA RACE XXe siècle

FONCTION PREMIÈRE débusquer le blaireau

FONCTION ACTUELLE chien de compagnie

DURÉE DE VIE 14 à 17 ans

AUTRES NOMS zwergteckel (nain), normalschlag (standard)

POIDS 4 à 5 kg (nain), 6,5 à 11,5 kg (standard)

HAUTEUR AU GARROT nain et standard : 13 à 25 cm

Pelage court, dense et lustré

Cou au port très digne

COULEURS VARIÉES

TECKEL STANDARD
À POIL RAS

UN PEU D'HISTOIRE Le teckel nain à poil dur fut créé à l'aide de croisements entre la variété à poil lisse et des pinschers à poil dur. Il en résulta un chien à poil dur, doté d'une tête trop petite. D'autres croisements avec le dandie dinmont terrier, aux pattes courtes, permirent d'obtenir un chien à tête plus grande, tout en tempérant un peu l'instinct sanguinaire des teckels.

TECKEL NAIN
À POIL DUR

Sourcils et barbe en broussaille caractéristiques

Museau moins effilé que celui du teckel à poil lisse

Poil épais et rêche, non dressé mais couché

Extrémités aux doigts serrés

Un peu d'histoire

Le teckel standard à poil long résulte probablement de croisements entre des teckels standard à poil lisse et des épagneuls à pattes courtes, tels que le sussex spaniel et le field spaniel. Les chiens produits furent ensuite miniaturisés. Ce spécimen présente le tempérament extraverti et affectueux typique des épagneuls.

TECKEL STANDARD À POIL LONG

Tête étroite qui s'effile gracieusement jusqu'à la truffe

Pelage lisse et soyeux, plus long sur le dessous du corps

TERRIER TCHÈQUE

L'aspect original de ce chien en fait un compagnon très apprécié dans les Républiques tchèque et slovaque. Toutefois, dans les années 1980, considérant que la race s'était détériorée, les éleveurs croisèrent ce chien avec le terrier de Sealyham. Doté de tous les attributs du terrier typique, y compris une tendance à mordre, ce spécimen exubérant, audacieux et têtu, se montre capable d'intimider des animaux beaucoup plus gros que lui. Il est toutefois un compagnon délicieux, dont le pelage nécessite un entretien régulier.

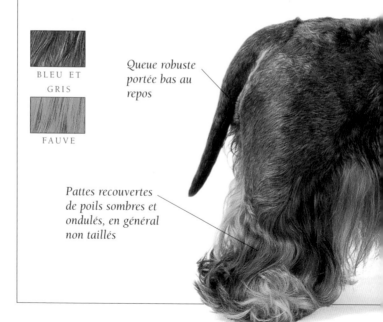

BLEU ET
GRIS

FAUVE

Queue robuste portée bas au repos

Pattes recouvertes de poils sombres et ondulés, en général non taillés

CARTE D'IDENTITÉ

PAYS D'ORIGINE République tchèque

APPARITION DE LA RACE années 1940

FONCTION PREMIÈRE exploration de terriers

FONCTIONS ACTUELLES chien de chasse, de compagnie

DURÉE DE VIE 12 à 14 ans

AUTRE NOM cesky terrier

POIDS 5,5 à 8 kg

HAUTEUR AU GARROT 28 à 36 cm

UN PEU D'HISTOIRE Un généticien effectua des croisements entre le terrier écossais, le terrier de Sealyham et, probablement, le dandie dinmont terrier afin de créer une race capable de travailler comme un terrier allemand.

Les poils non taillés de la tête forment une barbe et des sourcils proéminents

GRIFFON BRUXELLOIS

On pourrait dire que ce spécimen est un « eurochien » classique – résultant de lignées issues de régions diverses. Vif et amusant, c'est un chien de compagnie au bon caractère. Son nom prête à confusion : dans certains pays, trois spécimens similaires sont baptisés griffon belge ; dans d'autres, les trois spécimens portent un nom différent. Le griffon bruxellois fut très répandu entre les deux guerres mondiales. Aujourd'hui, bien que supplanté par l'un de ses ancêtres, le yorkshire terrier, il reste très apprécié en Belgique.

CARTE D'IDENTITÉ

PAYS D'ORIGINE Belgique

APPARITION DE LA RACE XIXe siècle

FONCTION PREMIÈRE chasseur de vermine

FONCTION ACTUELLE chien de compagnie

DURÉE DE VIE 12 à 14 ans

AUTRES NOMS griffon belge, petit brabançon

POIDS 2,5 à 5,5 kg

HAUTEUR AU GARROT 18 à 20 cm

NOIR ET
FEU

NOIR

Petite truffe noire
plantée en arrière
presque entre
les yeux

Barbe rousse
abondante
et rêche,
conférant
à l'animal une
expression
de sagacité

UN PEU D'HISTOIRE
Le griffon bruxellois
résulte vraisem-
blablement
de croisements entre
le dutch smoushond,
l'affenpinscher,
le barbet (possible
ancêtre du caniche)
et le yorkshire terrier.

Membres
antérieurs ossus
et bien musclés

CHIENS D'ARRÊT

Durant des millénaires, les chasseurs à la recherche de nourriture ou ceux considérant la chasse comme un sport furent accompagnés par des chiens chasseurs à vue ou au flair. Lorsque les armes à feu firent leur apparition, les éleveurs de chiens mirent l'accent sur la texture de la robe, la longueur des os, l'acuité de l'odorat et le degré d'obéissance, afin de produire des travailleurs dociles et efficaces.

AMÉLIORATION DES CAPACITÉS

La chasse à vue ou au flair, l'exploration des terriers, la garde du territoire et la nage sont des comportements naturels à certains chiens. Au contraire, le fait de découvrir une proie et de rester immobile, de s'aplatir sur le sol en silence, ou de sauter dans l'eau pour attraper un oiseau abattu afin de le rapporter à son maître, nécessite à la fois un instinct et une docilité au dressage. Au XVIIIe et au XIXe siècles, à partir de spécimens de chiens courants et de bergers, les éleveurs produisirent plus de 50 races de chiens de chasse, aux talents divers – chiens d'arrêt, leveurs et rapporteurs. Les chiens d'eau sont dotés d'un pelage serré imperméable et aiment nager. Les chiens d'arrêt cherchent le gibier en silence et s'immobilisent lorsqu'ils ont débusqué leur proie, une patte antérieure pliée – certains d'entre eux s'accroupissent sur le sol.

Braque de Weimar

ÉVOLUTION DES POINTERS ET DES SETTERS

Au XVIe siècle, des chiens d'arrêt espagnols, exportés en Grande-Bretagne, furent probablement croisés avec des chiens courants, chasseurs à vue ou au flair, donnant naissance au pointer actuel. Ils contribuèrent également à la création des setters. Autour de 1890, les éleveurs, très inspirés, créèrent des pointers de trois robes différentes – le braque de Weimar, l'épagneul

Épagneul de Münster

de Münster, et, dans les régions germaniques de Tchécoslovaquie, le griffon d'arrêt tchèque.

ÉPAGNEULS BRITANNIQUES ET RETRIEVERS

Les éleveurs britanniques produisirent des épagneuls leveurs, qui font s'envoler les oiseaux dissimulés dans les broussailles. Ces spécimens furent classés selon des races distinctes, les « cockers » et les « springers ». Les chiens d'eau de Terre-Neuve furent utilisés pour élaborer les retrievers, animaux très dociles, possédant l'instinct de rapporter la proie dans leur gueule sans l'abîmer. Aujourd'hui, le labrador et le golden retriever, à la fois chiens de chasse et chiens de compagnie, servent aussi de chiens d'assistance aux handicapés.

VARIATIONS RÉGIONALES

Tandis que des races nouvelles apparaissaient – pointer au Danemark, retriever aux Pays-Bas, braque

en Hongrie, les éleveurs français élaboraient plusieurs magnifiques chiens de chasse. Les anciennes races, telles que le spinone italien, redeviennent populaires.

DES CARACTÉRISTIQUES REMARQUABLES

En général plus faciles à dresser que tout autre type de chien, les chiens de chasse acceptent bien la compagnie des enfants, se montrent rarement querelleurs avec leurs congénères, et, la plupart du temps, se plient aisément aux règles de leur maître.

Braque allemand à poil court

PULI

Le puli est probablement l'ancêtre du caniche. Au XXᵉ siècle, les bergers hongrois pratiquaient encore un élevage rigoureux afin de favoriser ses talents de chien de troupeau. La Seconde Guerre mondiale élimina presque tous les élevages hongrois, mais à cette époque le puli s'était déjà transformé en chien de compagnie. Des émigrants hongrois l'introduisirent à l'étranger, notamment en Amérique du Nord. C'est un chien aux grandes facultés d'adaptation, obéissant et fidèle.

CARTE D'IDENTITÉ

PAYS D'ORIGINE Hongrie

APPARITION DE LA RACE Moyen Âge

FONCTION PREMIÈRE gardien de moutons

FONCTIONS ACTUELLES rapporteur, chien de compagnie

DURÉE DE VIE 12 à 13 ans

AUTRE NOM berger hongrois

POIDS 10 à 15 kg

HAUTEUR AU GARROT 37 à 44 cm

Oreilles invisibles

Poil qui roussit fréquemment à l'âge adulte

Certaines cordelettes atteignent le sol

BLANC

ABRICOT

NOIR

UN PEU D'HISTOIRE Le puli fut probablement introduit en Hongrie par les Magyars. Le chien actuel est essentiellement issu d'un programme d'élevage qui s'est effectué au cours du siècle dernier.

Belle tête ronde, dissimulée par les poils

Chaque cordelette doit être entretenue séparément

GRAND CANICHE

Le grand caniche n'est pas un simple accessoire de mode. Ce spécimen docile, facile à dresser, excellent rapporteur, est aussi un chien de garde et un chien de compagnie. Il souffre rarement de troubles cutanés, car il ne mue pas. Calme, posé, peu enclin aux débordements nerveux des petits caniches, il reste un travailleur dans l'âme. Son nom, qui provient vraisemblablement de *canichon*, mot ancien signifiant « chien de canard », désigne sa fonction première – rapporteur de canards.

Toupet de la queue aidant le chien à flotter lorsqu'il nage

CARTE D'IDENTITÉ

PAYS D'ORIGINE Allemagne

APPARITION DE LA RACE Moyen Âge

FONCTION PREMIÈRE rapporteur de gibier d'eau

FONCTIONS ACTUELLES chien de garde, de compagnie

DURÉE DE VIE 11 à 15 ans

AUTRE NOM barbone

POIDS 20,5 à 32 kg

HAUTEUR AU GARROT 37,5 à 38,5 cm

TOUTES
LES
COULEURS
UNIES

*Tête bien
proportionnée,
au port très
digne*

*Yeux
légèrement
obliques,
au regard
vif*

*Museau long,
droit et solide,
non pointu*

*Pompons
des pattes
améliorant
la nage*

UN PEU D'HISTOIRE
Le toilettage actuel de
ce caniche a une origine
historique : il visait
autrefois à réduire
la résistance de l'eau
sur l'arrière-train
puissant de l'animal,
lorsque ce dernier
rapportait le gibier.

CHIEN D'EAU PORTUGAIS

Le sommet de la tête est large

Ce chien de pêcheur ancien était utilisé, en mer, pour tirer les filets dans l'eau et pour porter des messages en nageant d'un bateau à l'autre ; à terre, il chassait le lapin. Courageux et loyal, un peu méfiant de nature, le chien d'eau portugais est un animal de travail, de garde et de compagnie. Son arrière-train, rasé pour les expositions canines, l'était autrefois pour que les poils de la croupe ne s'alourdissent pas pendant la nage. Son pelage évitait les chocs thermiques dans l'eau froide.

BLANC

BRUN

NOIR

NOIR ET BLANC

BRUN ET BLANC

Poils longs et ondulés, nécessitant un entretien régulier

UN PEU D'HISTOIRE

Les ancêtres de ce chien
arrivèrent au Portugal, soit
au Vᵉ siècle avec les Wisigoths,
soit au VIIIᵉ siècle avec
les Maures.

*Le plumet permet
à la queue de flotter*

*Poitrine bien
descendue,
abritant une
ample cage
thoracique*

CARTE D'IDENTITÉ

PAYS D'ORIGINE Portugal

APPARITION DE LA RACE Moyen Âge

FONCTION PREMIÈRE assistant
de pêcheur

FONCTIONS ACTUELLES rapporteur,
chien de garde, de compagnie

DURÉE DE VIE 12 à 14 ans

AUTRE NOM cão de agua

POIDS 16 à 25 kg

HAUTEUR AU GARROT 43 à 57 cm

*Le pelage simple
peut être long
ou court*

*Tonte du poil
pour le travail et
les expositions*

*Extrémités
postérieures
allongées*

CHIEN D'EAU ESPAGNOL

Ce chien n'ayant pas suscité de grand intérêt chez les éleveurs professionnels, la taille des individus et les couleurs de la robe varient considérablement. La majorité des chiens d'eau espagnols vivent dans le sud de l'Espagne. Ils y sont essentiellement utilisés comme gardiens de chèvres, mais participent aussi à la chasse au canard, gibier qu'ils savent rapporter. Facile à dresser, le chien d'eau espagnol, peu hargneux, se montre parfois irritable avec les enfants.

Toupet lourd qui retombe sur les yeux

BLANC

CHÂTAIGNE

BLANC ET
CHÂTAIGNE

NOIR

CARTE D'IDENTITÉ

PAYS D'ORIGINE Espagne

APPARITION DE LA RACE Moyen Âge

FONCTIONS PREMIÈRES chien
de troupeau, de pêcheur,
de chasse

FONCTIONS ACTUELLES chien
de chasse, de compagnie

DURÉE DE VIE 10 à 14 ans

AUTRE NOM perro de agua

POIDS 12 à 20 kg

HAUTEUR AU GARROT 38 à 50 cm

*Pelage sans mue,
retombant en
cordelettes*

*Poils se
décolorant
au soleil*

*Postérieurs
puissamment
musclés, permettant
une nage soutenue*

UN PEU D'HISTOIRE
Apparenté au chien
d'eau portugais, et
peut-être au caniche,
ce spécimen est
pratiquement
inconnu hors de
l'Espagne. Polyvalent,
il travaille avec
des bergers,
des chasseurs et
des pêcheurs.

*Extrémités aux
doigts palmés*

CHIEN D'EAU IRLANDAIS

Cet épagneul particulièrement original est le seul survivant de trois variétés de chiens d'eau irlandais. Son énergie inépuisable, sa nage remarquable, son pelage presque imperméable et sa puissance musculaire en font un rapporteur de gibier d'eau idéal, notamment dans les estuaires froids de l'Atlantique. Travailleur excellent, compagnon doux, fidèle et attentif, il n'a toutefois jamais été recherché comme chien domestique. C'est un animal de randonnée idéal.

Queue plantée bas, droite et effilée

CARTE D'IDENTITÉ

PAYS D'ORIGINE Irlande

APPARITION DE LA RACE XIXe siècle

FONCTION PREMIÈRE rapporteur de gibier d'eau

FONCTIONS ACTUELLES rapporteur de gibier d'eau, chien de compagnie

DURÉE DE VIE 12 à 14 ans

AUTRE NOM irish water spaniel

POIDS 20 à 30 kg

HAUTEUR AU GARROT 51 à 58 cm

Cuisses puissamment musclées

UN PEU D'HISTOIRE
Les pêcheurs portugais introduisirent leur chien d'eau en Irlande en visitant Galway. Il fut ensuite croisé avec des caniches.

Toupet long et bouclé, retombant souvent juste au-dessus des yeux

Oreilles très longues, plantées bas, couvertes de boucles et retombant sur les joues

Cou allongé maintenant la tête très élevée

Antérieurs ossus bien perpendiculaires à la ligne du corps

Extrémités larges et arrondies, abondamment poilues

RETRIEVER À POIL BOUCLÉ

Chien d'eau classique, le retriever à poil bouclé est le moins répandu des rapporteurs de gibier d'eau, bien qu'il ait été abondamment utilisé autrefois en Grande-Bretagne. Pourvu d'un superbe pelage constitué de petites boucles serrées et rêches, c'est un animal élégant et souple et un travailleur enthousiaste. Calme et de caractère égal, il se montre affectueux avec les enfants.

Petites oreilles, plantées au niveau des yeux, retombant sur les côtés

Truffe noire ancrée à l'extrémité de fortes mâchoires

UN PEU D'HISTOIRE Ce chien, le plus ancien des retrievers (chiens rapporteurs) britanniques, existe au moins depuis 1803, et descend probablement de deux races désormais disparues, l'english water spaniel et le lesser newfoundland, introduits en Grande-Bretagne par des pêcheurs de morue.

CARTE D'IDENTITÉ

PAYS D'ORIGINE Grande-Bretagne
APPARITION DE LA RACE XIXᵉ siècle
FONCTION PREMIÈRE rapporteur de gibier d'eau
FONCTIONS ACTUELLES chien de chasse, de compagnie
DURÉE DE VIE 12 à 13 ans
AUTRE NOM curly-coated retriever
POIDS 32 à 36 kg
HAUTEUR AU GARROT 64 à 69 cm

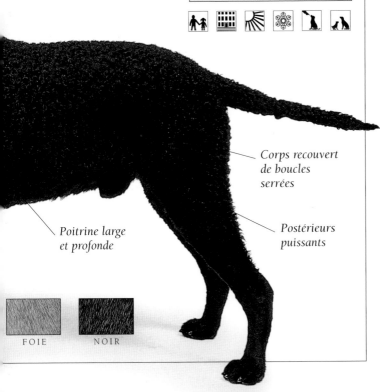

Corps recouvert de boucles serrées

Poitrine large et profonde

Postérieurs puissants

FOIE   NOIR

RETRIEVER À POIL PLAT

Élaboré en Grande-Bretagne à partir du terre-neuve, le beau retriever à poil plat fut le chien favori des gardes forestiers au début du XXᵉ siècle. Toutefois, l'avènement du labrador et du golden retriever faillit lui être fatal, car il avait presque disparu à la fin de la Seconde Guerre mondiale. Le spécimen actuel connaît un regain de faveur comme chien de chasse, car il se révèle excellent leveur et rapporteur. Sociable, obéissant, doux avec les enfants, il est de plus en plus apprécié.

Yeux sombres de taille moyenne, au regard vif et interrogateur

CARTE D'IDENTITÉ

PAYS D'ORIGINE Grande-Bretagne

APPARITION DE LA RACE XIXᵉ siècle

FONCTION PREMIÈRE rapporteur de gibier

FONCTIONS ACTUELLES *field trials,* chien de chasse, de compagnie

DURÉE DE VIE 12 à 14 ans

AUTRE NOM flat-coated retriever

POIDS 25 à 35 kg

HAUTEUR AU GARROT 56 à 61 cm

Queue courte et aplatie, ornée de poils modérément fournis

UN PEU D'HISTOIRE

Des croisements entre le terre-
neuve et un chien plus petit,
aujourd'hui disparu, lui
aussi issu de Terre-Neuve,
produisirent le retriever à poil
ondulé. D'autres croisements
avec des setters donnèrent
le retriever à poil plat.

FOIE   NOIR

*Pelage fin, dense,
plat et brillant,
recouvrant
un sous-poil
imperméable*

*Extrémités
fortes et
arrondies,
aux doigts
bien
bombés*

LABRADOR

Le labrador, l'un des chiens de compagnie les plus populaires du monde, est un animal affable, sociable, loyal, doux et affectueux. Il adore l'eau et se montre un compagnon très agréable pour les enfants. Autrefois, il travaillait sur les côtes graniteuses et découpées de Terre-Neuve, attrapant les bouchons de liège des filets remplis de poissons afin de rapporter ces derniers à terre. Se jetant toujours sans hésiter dans les eaux très froides, il est aujourd'hui parfois utilisé pour pister le gibier, mais aussi comme chien policier. Cet animal adore la vie de famille, mais certains spécimens souffrent de cataracte, d'arthrite, ou se montrent peu loyaux envers leur maître.

CARTE D'IDENTITÉ

PAYS D'ORIGINE Grande-Bretagne

APPARITION DE LA RACE XIXe siècle

FONCTION PREMIÈRE chien de chasse

FONCTIONS ACTUELLES *field trials*, chien d'assistance, de chasse, de compagnie

DURÉE DE VIE 12 à 14 ans

AUTRE NOM labrador retriever

POIDS 25 à 34 kg

HAUTEUR AU GARROT 54 à 57 cm

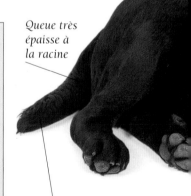

Queue très épaisse à la racine

Queue de longueur moyenne, recouverte de poils courts et denses

JAUNE

CHOCOLAT

NOIR

Yeux noisette au regard doux

Tête large

UN PEU D'HISTOIRE Le labrador est issu d'une région de Terre-Neuve. Il fut d'abord baptisé « petit chien d'eau », afin d'être distingué du grand spécimen terre-neuve. Le commerce de la morue salée conduisit cette race jusqu'à Poole, port d'Angleterre, où des propriétaires terriens locaux, ayant acquis quelques individus, affinèrent leur élevage pour créer un chien de chasse.

Poitrine profonde et large, abritant une ample cage thoracique

Antérieurs ossus, bien perpendiculaires au corps

Extrémités arrondies et plutôt compactes

GOLDEN RETRIEVER

Calme, affectueux et fidèle, le « golden » incarne le chien domestique parfait. Facile à dresser, cet animal polyvalent est encore plus apprécié en Amérique du Nord et en Scandinavie qu'en Grande-Bretagne. Élaboré comme rapporteur de gibier d'eau douce, il mord rarement et se montre très patient avec les enfants.

Différentes lignées ont été créées dans des buts différents. L'une des variétés est constituée de chiens de chasse, une autre participe à des *field trials* (parcours d'épreuves), tandis que la dernière est consacrée aux expositions canines et aux chiens de compagnie. Une quatrième lignée produit des chiens d'assistance, destinés à aider des personnes handicapées. Malheureusement, certains spécimens souffrent de problèmes de peau et d'yeux, et peuvent se montrer irritables.

UN PEU D'HISTOIRE Selon certains documents, ce chien aimable fut élaboré à la fin du XIXᵉ siècle grâce au croisement d'un retriever à poil plat, de couleur claire, avec une race aujourd'hui disparue, le tweed water spaniel. C'est en 1908 que les « golden » participèrent pour la première fois à une exposition canine.

Pelage plat ou ondulé, au sous-poil imperméable

Cuisses puissamment musclées, dont la peau épaisse s'orne de poils denses

CARTE D'IDENTITÉ

PAYS D'ORIGINE Grande-Bretagne

APPARITION DE LA RACE XIXᵉ siècle

FONCTION PREMIÈRE rapporteur de gibier

FONCTIONS ACTUELLES *field trials*, chien d'assistance, de chasse, de compagnie

DURÉE DE VIE 13 à 15 ans

POIDS 27 à 36 kg

HAUTEUR AU GARROT 51 à 61 cm

CRÈME

DORÉ

Yeux au regard doux

Oreilles pendantes, au pli léger

Lèvre supérieure pendante, de couleur sombre

Antérieurs frangés de longs poils

Extrémités félines ornées de poils abondants entre les coussinets

Couleur de robe variant du crème au doré, s'éclaircissant avec l'âge

RETRIEVER DE LA NOUVELLE-ÉCOSSE

Ce chien sait rassembler les canards et les oies dans la zone de tir du chasseur, puis sait les rapporter une fois qu'ils ont été abattus. De l'endroit où il se camoufle, près du bord de l'eau, le chasseur lance à plusieurs reprises un bâton que le chien récupère silencieusement. Lorsque les volatiles, attirés par cette activité particulière, viennent à portée de fusil, le chasseur rappelle son chien, se lève pour faire s'envoler les oiseaux et tire. Le retriever rapporte alors le gibier à son maître.

CARTE D'IDENTITÉ

PAYS D'ORIGINE Canada

APPARITION DE LA RACE XIXe siècle

FONCTIONS PREMIÈRES leveur et rapporteur de gibier d'eau

FONCTIONS ACTUELLES chien de chasse, de compagnie

DURÉE DE VIE 12 à 14 ans

AUTRE NOM nova scotia duck tolling retriever

POIDS 17 à 23 kg

HAUTEUR AU GARROT 43 à 53 cm

Tête bien découpée, légèrement triangulaire

Poitrine profonde bien isolée par le pelage contre l'eau froide

Pelage dense, existant dans plusieurs nuances de rouge et d'orange

UN PEU D'HISTOIRE Il est probable que des chiens red decoy accompagnèrent leurs maîtres de Grande-Bretagne en Nouvelle-Écosse. Croisés avec d'autres retrievers et des épagneuls de travail, ils produisirent ce spécimen, dont la race fut reconnue en 1945.

Oreilles triangulaires plantées haut, un peu en arrière du crâne

Corps compact, puissamment musclé, porté par des pattes robustes

KOOIKERHONDJE

Autrefois, le « kooiker » se comportait comme le red decoy anglais, aujourd'hui disparu. Ses gambades et les mouvements de sa queue blanche et bien fournie lui permettent d'attirer les canards et les oies vers des filets, ou à portée de fusil du chasseur. Aujourd'hui, il opère toujours de la même façon pour rassembler les oiseaux sur des tapis tressés, afin qu'ils puissent être bagués et identifiés. Vingt-cinq individus seulement ont survécu à la Seconde Guerre mondiale ; leur descendance se monte actuellement à environ 500 chiots par an. Le kooikerhondje est un chien très agréable, au caractère égal, facile à dresser.

Corps à peu près aussi haut que long

Pelage lourd et abondant, recouvrant une couche de duvet isolant

CARTE D'IDENTITÉ

PAYS D'ORIGINE Pays-Bas

APPARITION DE LA RACE XVIIIe siècle

FONCTIONS PREMIÈRES leveur et rapporteur de gibier d'eau

FONCTIONS ACTUELLES chien de chasse, de compagnie

DURÉE DE VIE 12 à 13 ans

POIDS 9 à 11 kg

HAUTEUR AU GARROT 33 à 41 cm

UN PEU D'HISTOIRE
Remontant au moins à l'époque
de Guillaume d'Orange,
cette race faillit disparaître.
Elle fut développée après
la Seconde Guerre
mondiale.

Oreilles ornées
de poils noirs
caractéristiques

Poitrine
de profondeur
moyenne,
protégée
par des poils
imperméables

RETRIEVER DE CHESAPEAKE BAY

Bien que ce spécimen remonte peut-être aux petits chiens de Terre-Neuve, il ressemble à tout point de vue au retriever à poil bouclé. Travailleur infatigable, rapporteur remarquable, plus résistant encore que le labrador, il témoigne d'un caractère bien affirmé. À l'instar des autres retrievers, il se montre doux avec les enfants et aimable avec les étrangers. Compagnon loyal, il s'adapte toutefois péniblement à la vie citadine.

Pelage court et épais, ondulé mais non bouclé

CARTE D'IDENTITÉ

PAYS D'ORIGINE États-Unis
APPARITION DE LA RACE XXᵉ siècle
FONCTION PREMIÈRE rapporteur de gibier d'eau
FONCTIONS ACTUELLES chien de chasse, de compagnie
DURÉE DE VIE 12 à 13 ans
AUTRE NOM chesapeake bay retriever
POIDS 25 à 34 kg
HAUTEUR AU GARROT 53 à 66 cm

PAILLE

ROUGE DORÉ

BRUN

UN PEU D'HISTOIRE Ce chien descendrait de deux chiots lessers newfoundlands (petits chiens de Terre-Neuve). Ces spécimens, avec des chiens courants locaux, auraient produit le retriever de Chesapeake Bay.

Oreilles petites plantées haut, portées pendantes

Yeux bien écartés au regard interrogateur

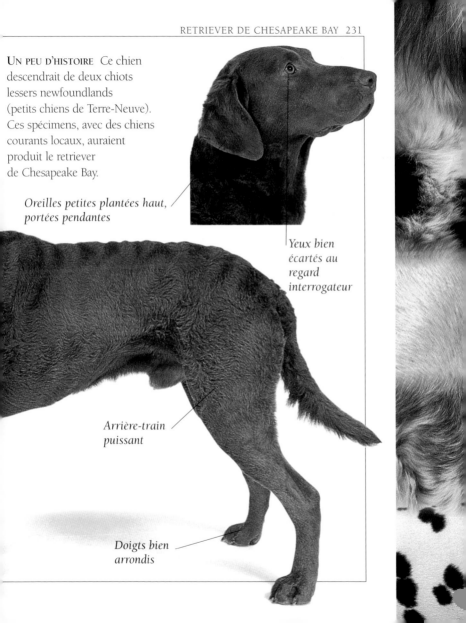

Arrière-train puissant

Doigts bien arrondis

CHIEN D'EAU AMÉRICAIN

Chien mascotte du Wisconsin, État du Midwest américain, cet animal actif et enthousiaste opère de la même façon que l'épagneul breton, le springer anglais et le retriever de la Nouvelle-Écosse. Il fait sortir le gibier de l'eau et le rapporte sans le blesser. Son corps mince et allongé lui permet d'accompagner son maître sur un canoë ou un skiff et de plonger dans l'eau glacée des marécages. Bien que des plaques photographiques antérieures à la guerre de Sécession montrent des animaux similaires, la forme actuelle de la race fut élaborée au cours des années 1920 par F.J. Pfeifer, médecin du Wisconsin.

CARTE D'IDENTITÉ

PAYS D'ORIGINE États-Unis
APPARITION DE LA RACE XIXᵉ siècle
FONCTION PREMIÈRE chasse au canard
FONCTION ACTUELLE chasse au canard
DURÉE DE VIE 12 ans
AUTRE NOM american xater spaniel
POIDS 11 à 20 kg
HAUTEUR AU GARROT 36 à 46 cm

Queue couverte de poils denses, aux boucles serrées

UN PEU D'HISTOIRE
Ce chien descend
probablement, au moins
en partie, du chien d'eau
irlandais, auquel on a mêlé
du sang de retriever à poil
bouclé et de field spaniel.
La race fut enregistrée
en 1940.

Longues
oreilles
bouclées

Lèvre
supérieure
recouvrant
la mâchoire
inférieure

Le cou se fond
harmonieusement
dans les épaules

FOIE

CHOCOLAT
FONCÉ

Antérieurs droits
et robustes, recouverts
de poils imperméables

Doigts bien serrés,
reposant sur d'épais
coussinets

SPRINGER ANGLAIS

Animal actif et infatigable, l'english springer spaniel a besoin d'une intense activité physique, qu'il s'agisse de lever le gibier ou de rapporter la balle que lui lance son maître. Ce chien puissant, haut sur pattes, réclame une stimulation physique et mentale constante ; s'il ne l'obtient pas, il peut adopter un comportement destructeur. Aujourd'hui, c'est le chien de travail le plus populaire de Grande-Bretagne. Compagnon délicieux, il s'adapte à la vie en ville à condition de pouvoir se dépenser. Quel que soit son mode de vie, il conserve son instinct de travailleur.

CARTE D'IDENTITÉ

PAYS D'ORIGINE Grande-Bretagne

APPARITION DE LA RACE XVIIe siècle

FONCTIONS PREMIÈRES leveur et rapporteur de gibier

FONCTIONS ACTUELLES chien de chasse, chien de compagnie

DURÉE DE VIE 12 à 14 ans

AUTRE NOM english springer spaniel

POIDS 22 à 24 kg

HAUTEUR AU GARROT 48 à 51 cm

UN PEU D'HISTOIRE Ce spécimen, duquel descendent peut-être tous les épagneuls de travail, fut représenté dans des tableaux dès le milieu du XVIIᵉ siècle. Springers et cockers furent séparés en races distinctes seulement à la fin du XIXᵉ siècle.

Oreilles lobées plantées au niveau des yeux, très frangées

NOIR ET BLANC

FOIE ET BLANC

Pelage raide et ferme, non rêche

Antérieurs ornés d'une longue frange

SPRINGER GALLOIS

D'une énergie stupéfiante, le welsh springer spaniel est un travailleur infatigable adorant l'eau et un excellent compagnon. Autrefois utilisé pour rassembler les troupeaux, il sait parfaitement lever le gibier d'eau. Contrairement au springer anglais, il n'a pas donné naissance à deux lignées distinctes de travailleurs et de chiens d'expositions canines, bien qu'il soit très apprécié dans ces deux fonctions. Il se révèle très facile à dresser.

Pelage épais et soyeux, raide, jamais bouclé

Museau droit et relativement carré

Yeux sombres de taille moyenne

Cou long et musclé, nettement planté sur des épaules tombantes

Oreilles plus petites que celles du springer anglais

UN PEU D'HISTOIRE
Représenté pour la première fois dans des illustrations au milieu du XVIIe siècle, ce chien, autrefois baptisé welsh cocker (cocker gallois), fut reconnu comme race distincte en 1902.

CARTE D'IDENTITÉ

PAYS D'ORIGINE Grande-Bretagne
APPARITION DE LA RACE XVIIe siècle
FONCTIONS PREMIÈRES leveur et rapporteur de gibier
FONCTIONS ACTUELLES chien de chasse, de compagnie
DURÉE DE VIE 12 à 14 ans
AUTRE NOM welsh springer spaniel
POIDS 16 à 20 kg
HAUTEUR AU GARROT 46 à 48 cm

COCKER

Chien de travail tenace et endurant, le cocker est également un chien de compagnie affectueux, très apprécié dans toute l'Europe et dans les pays du Commonwealth britannique. Malheureusement, il partage avec son homologue américain un certain nombre de troubles héréditaires, oculaires, cutanés ou rénaux, voire certains problèmes de comportement chez les chiens à robe unie. Il est donc important de se renseigner sur l'ascendance du chien avant son acquisition. Aujourd'hui élevé comme animal de compagnie, il fait toutefois merveille dans les *fieldtrials* (parcours d'épreuves).

Oreilles plus petites que celles du springer anglais

COULEURS
VARIÉES

Oreilles pendantes, ornées de poils longs et soyeux

CARTE D'IDENTITÉ

PAYS D'ORIGINE Grande-Bretagne

APPARITION DE LA RACE XIXe siècle

FONCTION PREMIÈRE rapporteur de petit gibier

FONCTION ACTUELLE chien de compagnie

DURÉE DE VIE 13 à 14 ans

AUTRE NOM english cocker spaniel

POIDS 13 à 15 kg

HAUTEUR AU GARROT 38 à 41 cm

UN PEU D'HISTOIRE Au début du XIXe siècle, de petits épagneuls étaient utilisés soit en tant que « starters », levant le gibier, soit en tant que « cockers », chiens leveurs et rapporteurs de bécasses.

Dos plus allongé que celui du cocker américain

Antérieurs ossus

Cocker américain

Parmi les races canines élaborées en Amérique, le cocker américain est la plus populaire. Issu du cocker anglais, chien de travail, il se montre capable, lui aussi, de lever le gibier, prouvant ainsi qu'il a conservé son instinct de chasseur. Mais le cocker américain est avant tout un chien de compagnie très agréable, élégant, affectueux, gai et de caractère égal. Sa beauté et son charme sont appréciés en Amérique du Nord et en Amérique du Sud, ainsi qu'au Japon.

Pelage dense et fin nécessitant un entretien quotidien, pour éviter la formation de nœuds.

CARTE D'IDENTITÉ

PAYS D'ORIGINE États-Unis

APPARITION DE LA RACE XIXe siècle

FONCTION PREMIÈRE rapporteur de petit gibier

FONCTION ACTUELLE chien de compagnie

DURÉE DE VIE 13 à 14 ans

AUTRE NOM american cocker spaniel

POIDS 11 à 13 kg

HAUTEUR AU GARROT 36 à 38 cm

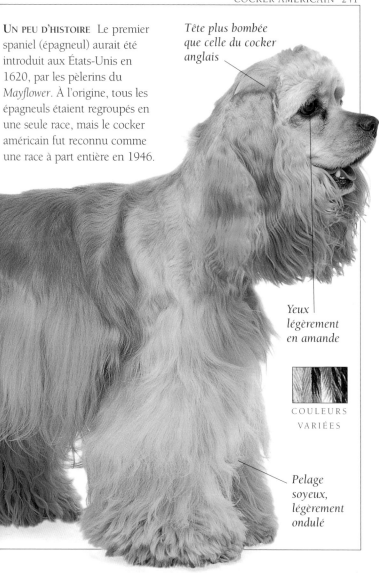

UN PEU D'HISTOIRE Le premier spaniel (épagneul) aurait été introduit aux États-Unis en 1620, par les pèlerins du *Mayflower*. À l'origine, tous les épagneuls étaient regroupés en une seule race, mais le cocker américain fut reconnu comme une race à part entière en 1946.

Tête plus bombée que celle du cocker anglais

Yeux légèrement en amande

COULEURS VARIÉES

Pelage soyeux, légèrement ondulé

FIELD SPANIEL

Comme le cocker américain, le field spaniel a changé spectaculairement d'aspect dès que sa race a été reconnue ; le standard de celle-ci présentait alors des différences peu heureuses par rapport à celui de son ancêtre, le cocker anglais. Au début du XIXᵉ siècle, les éleveurs favorisèrent chez ce chien un dos allongé et des pattes courtes et très ossues, ce qui lui fit perdre ses capacités de chasseur. Dans les années 1960, le cocker anglais et le springer spaniel furent utilisés pour produire le spécimen affectueux et calme d'aujourd'hui.

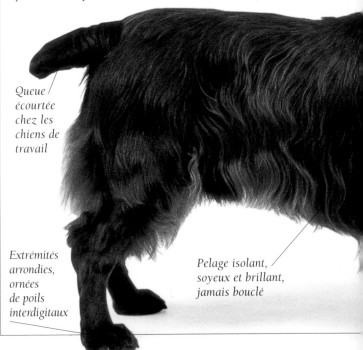

Queue
écourtée
chez les
chiens de
travail

Extrémités
arrondies,
ornées
de poils
interdigitaux

Pelage isolant,
soyeux et brillant,
jamais bouclé

FOIE

NOIR

ROUAN

Yeux de taille moyenne, au regard grave

UN PEU D'HISTOIRE

Considéré à l'origine comme une variété de cocker, le field spaniel fut reconnu comme race séparée en 1892, à l'occasion d'une exposition canine. À la fin de la Seconde Guerre mondiale, la race avait presque disparu, mais elle ressuscita : en 1969, le nombre d'individus avait considérablement augmenté.

Oreilles plantées bas, tombant en plis gracieux

Antérieurs droits, moyennement ossus

CARTE D'IDENTITÉ

PAYS D'ORIGINE Grande-Bretagne

APPARITION DE LA RACE XIXe siècle

FONCTION PREMIÈRE rapporteur de gibier

FONCTION ACTUELLE chien de compagnie

DURÉE DE VIE 12 à 13 ans

POIDS 16 à 23 kg

HAUTEUR AU GARROT 51 à 58 cm

SUSSEX SPANIEL

Lourd et compact, doté d'une peau épaisse et d'oreilles plantées bas, le sussex est probablement issu de chiens travaillant lentement, sur des terrains difficiles. Chasseur efficace, il aboie et hurle lorsqu'il suit une piste. Selon les variations de sa voix, son maître sait quel animal il suit. L'un des attraits essentiels du sussex est sa superbe robe marron doré. Mais celle-ci présente également des inconvénients : la densité du pelage et sa couleur relativement foncée rendent délicate l'adaptation de ce chien aux environnements chauds et humides.

Pelage abondant et plat, recouvrant un sous-poil épais et imperméable

Pattes relativement courtes, robustes et abondamment frangées de poils

Extrémités dotées de coussins épais et de poils interdigitaux

CARTE D'IDENTITÉ

PAYS D'ORIGINE Grande-Bretagne

APPARITION DE LA RACE XIXᵉ siècle

FONCTION PREMIÈRE pisteur de gibier

FONCTION ACTUELLE chien de compagnie

DURÉE DE VIE 12 à 13 ans

POIDS 18 à 23 kg

HAUTEUR AU GARROT 38 à 41 cm

UN PEU D'HISTOIRE Ses parents les plus proches furent élaborés pour travailler dans des sous-bois épais, mais le sussex spaniel fut probablement créé par un éleveur du Sussex à la fois comme chien de travail et de compagnie. Ce spécimen est rare, même en Angleterre – il n'existe que quelques individus aux États-Unis.

Dos allongé, large et profond, puissamment musclé

CLUMBER

Les ancêtres du clumber spaniel étaient, dit-on, des chiens rabatteurs et rapporteurs de gibier appartenant au duc de Noailles. Pendant la Révolution française, ce dernier envoya un certain nombre d'individus au duc de Newcastle, en Angleterre, afin de les préserver. Les clumbers de travail opèrent en équipe, rabattant le gibier lentement et méthodiquement jusqu'aux chasseurs. Aujourd'hui, la majorité de ces animaux mènent une vie citadine oisive, s'appliquant à ramasser les insectes et les feuilles mortes. Chien grégaire, le clumber peut se montrer destructeur lorsqu'il s'ennuie.

Pelage abondant et serré, très soyeux

CARTE D'IDENTITÉ

PAYS D'ORIGINE Grande-Bretagne
APPARITION DE LA RACE XIXᵉ siècle
FONCTIONS PREMIÈRES pisteur et rapporteur de gibier
FONCTIONS ACTUELLES pisteur, chien de compagnie
DURÉE DE VIE 12 à 13 ans
AUTRE NOM clumber spaniel
POIDS 29 à 36 kg
HAUTEUR AU GARROT 48 à 51 cm

Postérieurs particulièrement puissants

UN PEU D'HISTOIRE Portant le nom de Clumber Park, domaine du duc de Newcastle situé dans le Nottinghamshire, ce chien eut sans doute pour ancêtres le basset hound, dont il a le dos allongé, et le saint-bernard, qui lui a transmis sa tête volumineuse.

Tête grande et carrée, au sommet large

Yeux couleur d'ambre foncé

Extrémités fortes très poilues

ÉPAGNEUL BRETON

Ce vaillant compagnon de chasseurs canadiens et américains est peut-être le chien le plus apprécié en France. C'est un chien superbe, de taille moyenne. Son odorat particulièrement développé, son ardeur au travail et son endurance en font un excellent chien d'arrêt et un rapporteur de gibier, sur tous les types de terrains. L'épagneul breton est également un chien de compagnie facile à dresser, joyeux et très affectueux. Il a toutefois besoin de se dépenser énormément.

Arrière-train puissamment musclé

CARTE D'IDENTITÉ

PAYS D'ORIGINE France

APPARITION DE LA RACE XVIIIe siècle

FONCTION PREMIÈRE rapporteur de gibier

FONCTIONS ACTUELLES rapporteur, chien de compagnie

DURÉE DE VIE 13 à 14 ans

POIDS 13 à 15 kg

HAUTEUR AU GARROT 46 à 52 cm

FOIE ET
BLANC

NOIR ET
BLANC

TRICOLORE

*Lèvres plus
serrées que
celles des
autres
épagneuls*

*Oreilles courtes,
plantées haut,
quelque peu
arrondies*

UN PEU D'HISTOIRE

L'épagneul breton
d'origine avait presque
entièrement disparu
au début du XXe siècle,
lorsqu'un éleveur
régional, Arthur Enaud,
entreprit de donner un
nouveau souffle à cette
race. L'épagneul breton
d'aujourd'hui est
un chien polyvalent,
très attachant.

*Pelage fin et dense,
aux ondulations
légères et
duveteuses*

SETTER ANGLAIS

S i l'on en croit certains tableaux du XVIIᵉ siècle, le setter anglais est probablement issu de chiens d'arrêt à poil long. Agréable chien de compagnie, gracieux, élégant, calme et sensible, merveilleusement doux avec les enfants, c'est également un excellent rapporteur de gibier. Ce beau chien énergique, capable d'une activité physique prolongée, a besoin de beaucoup d'exercice.

Yeux noisette foncé, au regard doux et brillant

Museau plutôt carré, de profondeur moyenne

Oreilles retombant en plis bien nets, contre les joues

CITRON
ET BLANC

NOIR ET
BLANC

FOIE ET
BLANC

TRICOLORE

Pelage long et soyeux,
légèrement ondulé,
recouvrant un sous-poil
laineux

CARTE D'IDENTITÉ

PAYS D'ORIGINE Grande-Bretagne
APPARITION DE LA RACE XIXe siècle
FONCTIONS PREMIÈRES chien d'arrêt
couchant et rapporteur de gibier
à plumes
FONCTIONS ACTUELLES rapporteur,
chien de compagnie
DURÉE DE VIE 14 ans
AUTRES NOMS english setter,
« setter laverack »
POIDS 25 à 30 kg
HAUTEUR AU GARROT 61 à 69 cm

Queue droite effilée
jusqu'à l'extrémité,
très pointue

Extrémités
compactes,
ornées
de poils
interdigitaux,
attrapant
facilement
des épillets

UN PEU D'HISTOIRE Issus
d'épagneuls, les setters sont
des chasseurs remarquables.
Edward Laverack, éleveur
britannique, élabora le chien que
nous connaissons aujourd'hui.

SETTER GORDON

Ce chien qui est le plus lourd, le plus puissant et le plus lent des setters est également le moins populaire. Avant que la chasse aux armes à feu ne devienne courante, le setter gordon pistait et trouvait le gibier, puis il s'asseyait sagement, attendant l'arrivée de son maître. Son tempérament patient et amical en fait un compagnon docile et loyal, qui a néanmoins besoin de se dépenser tous les jours.

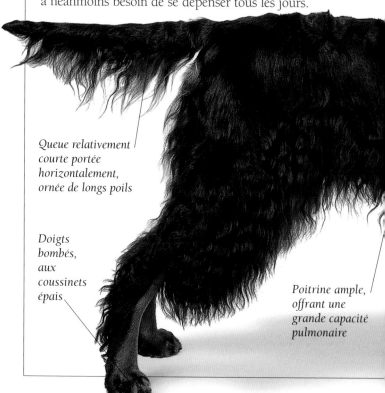

Queue relativement courte portée horizontalement, ornée de longs poils

Doigts bombés, aux coussinets épais

Poitrine ample, offrant une grande capacité pulmonaire

Yeux brun foncé et brillants, au regard calme et cependant alerte

Truffe large et noire, aux narines bien ouvertes

Cou élancé légèrement bombé

Lèvres bien dessinées

UN PEU D'HISTOIRE Des setters noir et feu existaient déjà en Grande-Bretagne au XVIIᵉ siècle. L'élaboration du chien actuel fut entreprise au XVIIIᵉ siècle par le duc de Richmond et Gordon, en Écosse.

CARTE D'IDENTITÉ

PAYS D'ORIGINE Grande-Bretagne
APPARITION DE LA RACE XVIIᵉ siècle
FONCTIONS PREMIÈRES chien d'arrêt et rapporteur
FONCTIONS ACTUELLES chien de chasse, de compagnie
DURÉE DE VIE 13 ans
AUTRE NOM gordon setter
POIDS 25 à 30 kg
HAUTEUR AU GARROT 62 à 66 cm

SETTER IRLANDAIS

Désigné, en langue gaélique, sous le nom de « modder rhu », ou « chien rouge », le setter irlandais était ailleurs baptisé « épagneul rouge ». Ce chien racé et élégant a besoin d'énormément d'exercice. Il recherche activement d'autres chiens pour jouer, car il adore courir en cercle autour d'eux. Exubérant et extraverti, il garde longtemps un comportement de jeune chiot. Ces traits, ajoutés à sa joie de vivre, lui ont valu une réputation imméritée de frivolité et d'excitabilité.

Pelage long et soyeux ; sous-poil abondant à la saison froide

Queue plantée bas, portée horizontalement ou basse

Truffe de couleur noire ou chocolat

Yeux ovales, au regard doux

CARTE D'IDENTITÉ

PAYS D'ORIGINE Irlande

APPARITION DE LA RACE XVIIIe siècle

FONCTIONS PREMIÈRES chien d'arrêt, rapporteur

FONCTION ACTUELLE chien de compagnie

DURÉE DE VIE 13 ans

AUTRE NOM irish setter

POIDS 27 à 32 kg

HAUTEUR AU GARROT 64 à 69 cm

UN PEU D'HISTOIRE L'ancien pointer espagnol (inconnu hors de l'Espagne), des chiens d'arrêt (épagneuls) et d'anciens setters écossais ont contribué à l'élaboration du setter irlandais

Pattes sinueuses aux petites extrémités

SETTER IRLANDAIS ROUGE ET BLANC

À l'instar de son homologue rouge, l'irish setter rouge et blanc demande un dressage plus long que celui des autres chiens de chasse. Pourtant, une fois éduqué, c'est un compagnon très agréable. Sa grande énergie l'amène à se blesser plus souvent que ses congénères plus calmes. Doté d'un flair très raffiné, il se révèle, au travail, un chasseur enthousiaste et très efficace.

Museau relativement profond

CARTE D'IDENTITÉ

PAYS D'ORIGINE Irlande

APPARITION DE LA RACE XVIIIᵉ siècle

FONCTIONS PREMIÈRES chien d'arrêt, rapporteur

FONCTIONS ACTUELLES chien de chasse, de compagnie

DURÉE DE VIE 13 ans

POIDS 27 à 32 kg

HAUTEUR AU GARROT 58 à 69 cm

UN PEU D'HISTOIRE Les setters irlandais de travail étaient à l'origine rouge et blanc, mais les éleveurs voulurent imposer une robe entièrement rouge. Le spécimen bicolore, qui faillit disparaître, connaît actuellement un renouveau.

Oreilles triangulaires, ornées de poils courts

Poitrine étroite, bien descendue

Membres ossus et droits, couverts de poils denses

Extrémités nettes et compactes, dotées de poils interdigitaux

POINTER

La fonction première du pointer, doux, obéissant et très consciencieux, allait à l'encontre du comportement naturel d'un chien de chasse : apercevant un lièvre, il tombait en arrêt, permettant aux greyhounds qui l'accompagnaient de courir après l'animal et de l'attraper. Un élevage sélectif rigoureux a produit ce spécimen noble, obéissant et affectueux, parfois hypersensible. C'est un compagnon idéal.

Cuisses élancées, puissamment musclées

CARTE D'IDENTITÉ

PAYS D'ORIGINE Grande-Bretagne

APPARITION DE LA RACE XVIIe siècle

FONCTION PREMIÈRE pisteur de gibier

FONCTIONS ACTUELLES chien de chasse, de compagnie

DURÉE DE VIE 13 à 14 ans

AUTRE NOM english pointer

POIDS 20 à 30 kg

HAUTEUR AU GARROT 61 à 69 cm

Extrémités ovales aux doigts bombés, dotées de coussinets épais

Devant les yeux, une dépression bien nette sépare le haut du crâne du museau

Oreilles plantées haut, retombant souplement, même lorsque le chien est en alerte

Pattes bien droites, dans le prolongement d'épaules tombantes

Pelage dur, fin et lisse, joliment lustré

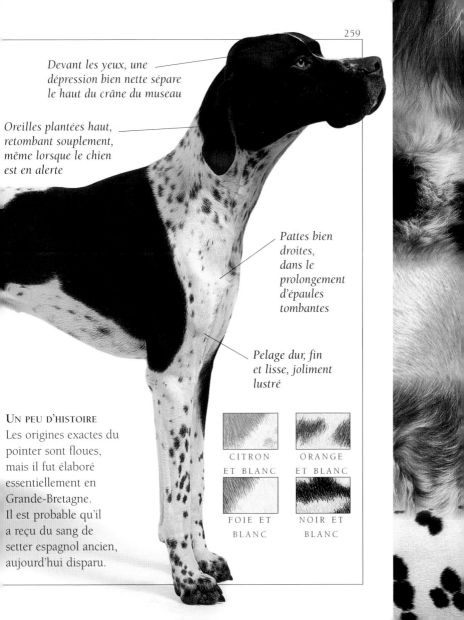

CITRON ET BLANC

ORANGE ET BLANC

FOIE ET BLANC

NOIR ET BLANC

UN PEU D'HISTOIRE
Les origines exactes du pointer sont floues, mais il fut élaboré essentiellement en Grande-Bretagne. Il est probable qu'il a reçu du sang de setter espagnol ancien, aujourd'hui disparu.

BRAQUES ALLEMANDS

Les braques allemands actuels sont d'origines diverses, mais ils résultent tous de programmes d'élevage sélectif intenses, entrepris en Allemagne à la fin du XIXe siècle. Grâce à des animaux indigènes, ainsi qu'à des spécimens français ou britanniques, trois braques différents furent créés. Les braques à poil rêche sont à la fois des travailleurs infatigables et des chiens domestiques merveilleux. Les braques à poil long sont essentiellement des chiens de travail. Certains d'entre eux se montrent farouches, mais ils se révèlent néanmoins excellents chiens de garde et de compagnie. Les braques à poil court, parfois timides sont eux aussi des compagnons délicieux ; leur longévité est supérieure à celle des autres chiens de même taille.

CARTE D'IDENTITÉ

PAYS D'ORIGINE Allemagne

APPARITION DE LA RACE XIXe siècle

FONCTION PREMIÈRE chien de chasse

FONCTIONS ACTUELLES chien de chasse, de compagnie

DURÉE DE VIE 12 à 14 ans

AUTRE NOM deutscher drahthaariger vorstehhund

POIDS 27 à 32 kg

HAUTEUR AU GARROT 60 à 65 cm

FOIE ET BLANC

NOIR

NOIR ET BLANC

FOIE

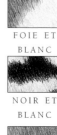

Extrémités robustes

UN PEU D'HISTOIRE Jusqu'au XIXe siècle, les braques allemands étaient des chiens lourds, lents et calmes. Ces chiens au dos vigoureux et aux extrémités de lapin, croisés avec le pointer anglais, plus petit, produisirent la race actuelle, élancée, athlétique et docile. Le braque à poil court est l'un des compagnons favoris des chasseurs allemands et britanniques.

Oreilles moyennement longues, plantées haut

Paupières étroites

Pelage court, épais et dur, rêche au toucher

Poitrine plus profonde que large, abritant une ample cage thoracique

Pattes longues, droites et ossues, à la peau bien tendue

Cuisses larges et élancées, puissamment musclées

BRAQUE ALLEMAND À POIL COURT

UN PEU D'HISTOIRE Élaboré comme chien d'arrêt, leveur et rapporteur de gibier, le braque à poil rêche est un mélange de braque à poil court, de korthals, de pudelpointer (croisement de braque et de caniche), et d'une race aujourd'hui éteinte de braque à poil cassé. La race fut reconnue pour la première fois en Allemagne en 1870.

Barbe rude et drue

BRAQUE ALLEMAND À POIL RÊCHE

FOIE ET BLANC

NOIR ET BLANC

FOIE

Queue très touffue

UN PEU D'HISTOIRE Le braque allemand à poil long doit en partie son apparence et son tempérament à une variété de chiens de gibier à plumes à poil long. Des croisements avec des setters irlandais et des gordons produisirent une couleur rouge et noire. Le braque à poil long fit sa première apparition publique à Hanovre, en Allemagne, en 1879.

BRAQUE ALLEMAND À POIL LONG

Tête allongée et fine, dotée d'yeux bien écartés, au regard doux

Museau long et large, à la truffe brune

Oreilles larges à la base, couvertes de poils ondulés

Poitrine proéminente

Antérieurs longs et droits frangés de poils doux

Extrémités modérément arrondies, ornées de poils interdigitaux épais

GRAND ÉPAGNEUL DE MÜNSTER

L a survie du grand épagneul de Münster est due à des raisons négatives plutôt que positives. Alors que le braque allemand à poil long connaissait un déclin, un club fut formé pour le sauver, n'adoptant, pour standard, que le spécimen à robe foie et blanc. Toutefois, les chasseurs de la région de Münster continuèrent à effectuer un élevage sélectif à partir des chiots noir et blanc qui naissaient dans certaines portées.

CARTE D'IDENTITÉ

PAYS D'ORIGINE Allemagne

APPARITION DE LA RACE XIXᵉ siècle

FONCTIONS PREMIÈRES pisteur, pointeur et rapporteur de gibier

FONCTIONS ACTUELLES chien de chasse, de compagnie

DURÉE DE VIE 12 à 13 ans

AUTRE NOM grosser münsterlander

POIDS 25 à 29 kg

HAUTEUR AU GARROT 59 à 61 cm

Queue portée en prolongement du dos, frangée de longs poils

UN PEU D'HISTOIRE Issu de chiens de gibier à plumes, ce chien ne fut au départ qu'une variation du braque allemand à poil long à robe foie et blanc. En 1919, il fut sauvé de l'extinction. Aujourd'hui, à l'instar du petit münsterlander, il connaît une popularité croissante.

Oreilles larges aux extrémités arrondies, pendant contre la tête

Cou musclé

Pelage long et dense, ni rêche ni bouclé

Antérieurs longs et droits, ornés de poils fournis

Extrémités fortes et fermes, aux doigts dotés de griffes noires

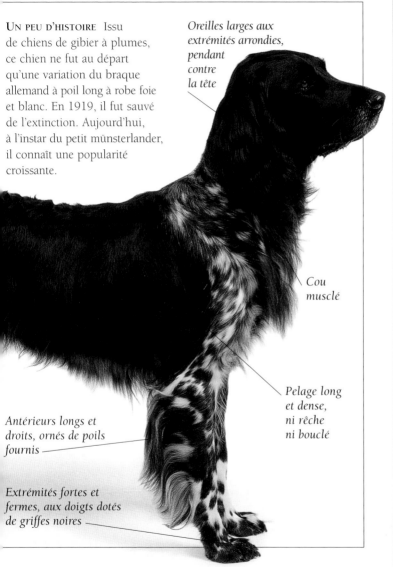

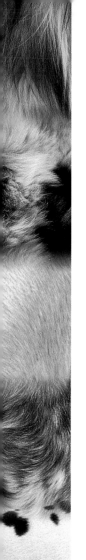

GRIFFON D'ARRÊT TCHÈQUE

Cet animal alerte est l'un des chiens de chasse les plus populaires de Bohême. Travailleur polyvalent, c'est à la fois un excellent chien d'arrêt, un leveur et un rapporteur de gibier. Il existe entre les deux sexes une différence de taille considérable : les mâles les plus volumineux sont parfois moitié plus grands que les femelles les plus petites. Certains individus, qui peuvent se montrer particulièrement têtus, ont besoin d'être menés d'une main ferme. Le « cesky fousek » peut être un compagnon délicieux, toujours doux avec les enfants.

CARTE D'IDENTITÉ

PAYS D'ORIGINE République tchèque

APPARITION DE LA RACE XIXe siècle

FONCTION PREMIÈRE pointeur de gibier

FONCTIONS ACTUELLES pointeur, chien de compagnie

DURÉE DE VIE 12 à 13 ans

AUTRES NOMS cesky fousek, chien d'arrêt de Bohême

POIDS 22 à 34 kg

HAUTEUR AU GARROT 58 à 66 cm

Queue plantée dans le prolongement du dos

Pelage rude et rêche, recouvrant un sous-poil dense, mais doux

Extrémités spatulées ornées de griffes noires très dures

Oreilles plantées haut, à base large et aux extrémités en pointe

Museau légèrement plus long que le crâne

Antérieurs minces et droits, aux articulations solides et musclées

UN PEU D'HISTOIRE Il est probable que les ancêtres du cesky fousek furent des chiens de gibier à plumes du XVᵉ siècle. Au XIXᵉ siècle, cette race fut reconstituée à partir de lignées de braques allemands à poil rêche et à poil court.

BRUN ET BLANC

BRUN

KORTHALS

Eduar Korthals, éleveur hollandais, ne révéla jamais quelles races il avait utilisées pour créer ce griffon d'arrêt à poil dur, mais il est probable que le grand épagneul de Münster, le braque allemand à poil court et des griffons français jouèrent un rôle dans son élaboration. Ce chien d'arrêt, rapporteur de gibier tout terrain, travaillant par tous les temps, a été le premier chien de chasse polyvalent européen officiellement reconnu aux États-Unis. Attentif, obéissant, dénué de hargne, il est doux avec les enfants et aimable avec ses congénères, bien que les mâles puissent parfois se montrer agressifs.

Muscles des cuisses très développés

CARTE D'IDENTITÉ

PAYS D'ORIGINE France

APPARITION DE LA RACE années 1860

FONCTIONS PREMIÈRES chasseur, rapporteur

FONCTIONS ACTUELLES chasseur, rapporteur, chien de compagnie

DURÉE DE VIE 12 à 13 ans

AUTRE NOM griffon d'arrêt à poil dur

POIDS 23 à 27 kg

HAUTEUR AU GARROT 56 à 61 cm

Sourcils broussailleux, dissimulant des grands yeux marron jaune

Crâne allongé et étroit, prolongé par un museau carré

Barbe longue, épaisse et rude

UN PEU D'HISTOIRE

« Euro-chien » classique, ce spécimen fut élaboré il y a plus d'un siècle à l'aide d'individus hollandais, belges, allemands, français et anglais. Le standard de la race fut établi en 1886. Ce chien aux grandes facultés d'adaptation reste rare en Europe et en Amérique du Nord.

Antérieurs longs et droits, frangés de poils fins

BRAQUE HONGROIS

É légant, doux mais énergique, ce chien n'aurait sans doute pas survécu à la Seconde Guerre mondiale si des Hongrois expatriés n'avaient pas emmené avec eux leurs compagnons dans d'autres pays d'Europe ou en Amérique du Nord, dans les années 1930. Chien d'arrêt et rapporteur de gibier, il est également, depuis une vingtaine d'années, très apprécié comme chien de compagnie. Obéissant et affectueux, il bénéficie en outre d'une santé à toute épreuve. De plus en plus populaire en Hongrie, il y travaille encore. Au Canada, la variété à poil dur accompagne nombre de chasseurs le week-end. Doté d'un odorat remarquable, ce chien piste le gibier avec efficacité et rapporte gibier et balles de tennis avec un égal enthousiasme.

CARTE D'IDENTITÉ

PAYS D'ORIGINE Hongrie

APPARITION DE LA RACE Moyen Âge et années 1930

FONCTIONS PREMIÈRES chasseur, fauconnier

FONCTIONS ACTUELLES chien de chasse, de compagnie

DURÉE DE VIE 14 à 15 ans

AUTRE NOM magyar vizsla

POIDS 22 à 30 kg

HAUTEUR AU GARROT 57 à 64 cm

Chez la variété à poil court, le pelage dense, lisse et brillant est plat ; seule la variété à poil dur possède un sous-poil

Antérieurs droits et puissamment musclés, aux articulations hautes

Oreilles fines et soyeuses, aux extrémités arrondies

Poitrine modérément profonde, descendue jusqu'aux articulations des pattes

UN PEU D'HISTOIRE

Ce spécimen est issu du croisement de deux races aujourd'hui éteintes, le chien courant hongrois et le chien jaune des Turcs. La variété à poil court fut admise dans les années 1850, la variété à poil dur dans les années 1930.

BRAQUE DE WEIMAR

Ce chien de chasse aux muscles proéminents est aussi apprécié comme chien de chasse que comme chien de compagnie. Doté d'un tempérament audacieux, alerte et obéissant à la fois, il lui arrive de faire preuve de timidité. Les spécimens à poil court, comme ceux à poil long, moins répandus, réalisent des performances remarquables dans les *fieldtrials* (parcours d'épreuves) et les travaux d'obéissance, ainsi qu'à la chasse ; ils se montrent également très bons chiens de garde. Gracieux et énergique, orné d'une robe aux reflets d'acier, il se dresse facilement.

Yeux saisissants dont la couleur inhabituelle va de l'ambre au bleu, en passant par le gris

Pelage fin et lisse chez la variété à poil court

Extrémités compactes

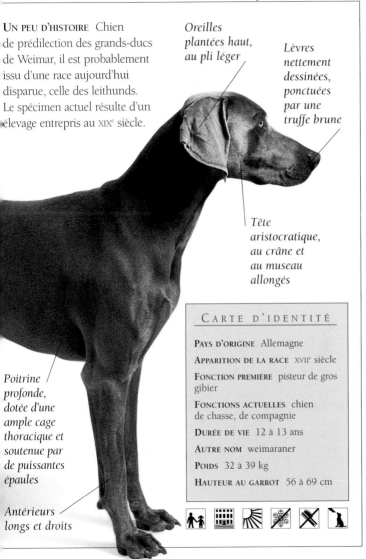

UN PEU D'HISTOIRE Chien de prédilection des grands-ducs de Weimar, il est probablement issu d'une race aujourd'hui disparue, celle des leithunds. Le spécimen actuel résulte d'un élevage entrepris au XIXe siècle.

Oreilles plantées haut, au pli léger

Lèvres nettement dessinées, ponctuées par une truffe brune

Tête aristocratique, au crâne et au museau allongés

Poitrine profonde, dotée d'une ample cage thoracique et soutenue par de puissantes épaules

Antérieurs longs et droits

CARTE D'IDENTITÉ

PAYS D'ORIGINE Allemagne

APPARITION DE LA RACE XVIIe siècle

FONCTION PREMIÈRE pisteur de gros gibier

FONCTIONS ACTUELLES chien de chasse, de compagnie

DURÉE DE VIE 12 à 13 ans

AUTRE NOM weimaraner

POIDS 32 à 39 kg

HAUTEUR AU GARROT 56 à 69 cm

BRAQUE ITALIEN

Très prisé dans l'Italie de la Renaissance, ce chien énergique, sensible et légèrement têtu connut ensuite un déclin. Il fut récemment « redécouvert » par des éleveurs italiens, puis par des éleveurs d'autres pays de l'Union européenne. Aujourd'hui, le braque italien, chien puissant, aux proportions harmonieuses, figure dans toutes les grandes expositions canines. Sérieux et doux, il se montre un compagnon exquis, mais se révèle également un chasseur vigoureux et polyvalent, travaillant aussi bien sur terrain sec et dans l'eau.

BLANC

BLANC ET
ORANGE,
BLANC ET
CHÂTAIGNE

CARTE D'IDENTITÉ

PAYS D'ORIGINE Italie

APPARITION DE LA RACE XVIIIe siècle

FONCTIONS PREMIÈRES pisteur, pointeur et rapporteur de gibier

FONCTIONS ACTUELLES chien de chasse, de compagnie

DURÉE DE VIE 12 à 13 ans

AUTRE NOM bracco italiano

POIDS 25 à 40 kg

HAUTEUR AU GARROT 56 à 67 cm

Extrémités peu inclinées par rapport aux longues cuisses

UN PEU D'HISTOIRE Selon certains spécialistes, ce chien, élaboré au Piémont et en Lombardie, est le résultat de croisements entre le petit lévrier italien et des mastiffs asiatiques anciens. D'autres experts affirment qu'il descend du saint-hubert.

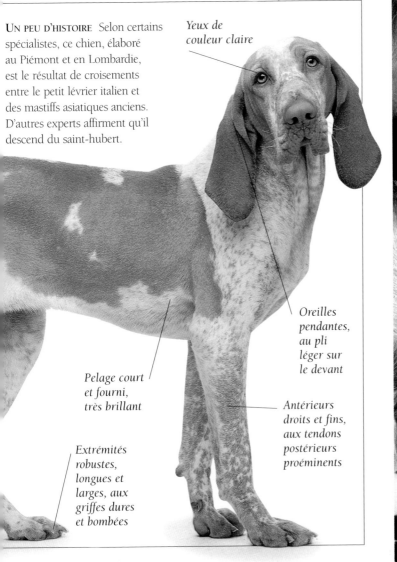

Yeux de couleur claire

Oreilles pendantes, au pli léger sur le devant

Pelage court et fourni, très brillant

Antérieurs droits et fins, aux tendons postérieurs proéminents

Extrémités robustes, longues et larges, aux griffes dures et bombées

SPINONE

Le spinone est de plus en plus apprécié hors de son pays natal et ce n'est que justice. Les seuls défauts de cet animal, calme, obéissant et facile à vivre, sont sa tendance à saliver beaucoup et son odeur forte. Digne et réservé en apparence, il adore se dépenser, prenant un égal plaisir à chasser, à s'adonner aux *fieldtrials* (parcours d'épreuves) ou à courir après des jouets bondissants.

CARTE D'IDENTITÉ

PAYS D'ORIGINE Italie

APPARITION DE LA RACE Moyen Âge

FONCTION PREMIÈRE rapporteur de gibier

FONCTIONS ACTUELLES *field trials,* chien de chasse, de compagnie

DURÉE DE VIE 12 à 13 ans

AUTRE NOM spinone italiano

POIDS 32 à 37 kg

HAUTEUR AU GARROT 61 à 66 cm

Oreilles triangulaires, ornées de poils courts et épais

Pelage fourni, rude et plat, un peu rêche

BLANC

BLANC ET ORANGE

BLANC ET CHÂTAIGNE

UN PEU D'HISTOIRE Ce chien est probablement issu du petit lévrier italien, voire, peut-être, de griffons aujourd'hui disparus. Il aurait été élaboré au XIIIe siècle, au Piémont et en Lombardie. D'aspect et de caractère attrayants, il devrait connaître une popularité croissante.

Moustache et barbe constituées de longs poils

Antérieurs droits et ossus, aux tendons postérieurs proéminents

Cuisses longues, larges et musclées, légèrement arquées à l'arrière

CHIENS DE TROUPEAU

Pour un chien, la garde d'un territoire, d'un campement ou d'une maison, est un comportement naturel. Dans la région de l'actuel Irak, nos ancêtres utilisaient déjà des chiens pour garder des troupeaux. De plus, les chiots élevés avec d'autres animaux les défendent comme s'il s'agissait de membres de leur propre meute ; ces gardiens se sont vites révélés indispensables.

RACINES ANCIENNES

À l'origine, les troupeaux de bétail, plutôt réduits, pouvaient être facilement protégés des loups et des voleurs. Au fur et à mesure que le nombre d'animaux croissait, de petits chiens agiles furent utilisés pour ramener les individus égarés vers le troupeau. Lorsque les bergers entreprirent de conduire leurs animaux sur de longues distances, d'autres chiens évoluèrent, capables d'encadrer et de protéger le troupeau pendant le voyage. Grâce à une sélection précise, les mastiffs furent créés pour protéger les animaux et le matériel qui suivaient les armées. Ces chiens massifs, qui se répandirent à travers toute l'Europe, furent les ascendants des chiens de montagne actuels – des mastiffs gardiens de troupeaux accompagnèrent les légions romaines il y a 2 000 ans lorsqu'elles traversèrent les Alpes jusqu'en Suisse. À Rome, ces gros spécimens, qui servaient aussi de

Berger allemand

chiens de combat dans les cirques, furent les ancêtres des chiens de *bull-baiting,* combats organisés contre des taureaux, bien que leur fonction essentielle restât la protection de la maison. Le bullmastiff, le bulldog, le dogue allemand et le boxer sont issus de ces animaux. Exportés en Amérique du Sud, les chiens de combat produisirent les actuels mastiffs de cette région.

Beauceron

races de garde et de défense, issues d'Asie, se répandirent en Europe et en Afrique. Un certain nombre de gardiens de moutons furent élaborés dans les Balkans ; en Hongrie, le komondor existe toujours. On trouve aussi en Europe de gros gardiens, tels que le kuvasz et le berger de Maremmes-Abruzzes, toujours de couleur blanche afin de n'être pas confondus avec des loups en maraude. Les bergers utilisaient aussi des chiens tels que le berger de Bergame et le berger de plaine polonais. En Grande-Bretagne, il en résulta les colleys ; en France, en Belgique, aux Pays-Bas et en Allemagne naquirent de nombreux spécimens dociles et efficaces.

GARDIENS ET CONDUCTEURS DE TROUPEAUX

La garde des troupeaux resta la fonction essentielle des mastiffs, mais les éleveurs de bovins et de cochons avaient besoin de chiens à la fois robustes et agiles pour protéger et mener les animaux qui se déplaçaient. Le bobtail était autrefois un excellent conducteur de troupeau, tout comme le welsh corgi et le chien des Goths. En Allemagne, le schnauzer et le rottweiler remplirent des fonctions identiques, à l'instar du bouvier de Flandres actuel, en France. En Australie, le bouvier australien ainsi qu'une variété de heelers ou « talonneurs », habiles à mordre le bétail au talon, travaillent aujourd'hui avec d'immenses troupeaux. D'autres

UN ASSISTANT REMARQUABLE

Les gardiens de troupeaux, qui varient en taille et en tempérament, ont en commun des fonctions de protection et d'assistance.

Lancashire Heeler

BERGER ALLEMAND

I l est probable que le berger allemand, ainsi que ses proches parents belges et hollandais, existent depuis des millénaires, et que leur forme s'est peu modifiée. Au début de la Première Guerre mondiale, le berger allemand connut une grande popularité en Allemagne, et se répandit rapidement dans le monde entier. Chien polyvalent, c'est un excellent gardien qui jouit d'une grande réputation de chien policier. Courageux, très alerte, c'est aussi un compagnon exceptionnel, témoignant à son maître une fidélité à toute épreuve. Certains spécimens sont timides, nerveux, craintifs et agressifs avec d'autres chiens. Toutefois, les individus issus d'élevages sérieux sont équilibrés, calmes, attentifs et obéissants.

Cuisses fortes et musclées, et membres postérieurs toujours un peu pliés

Extrémités petites et arrondies, légèrement bombées

*Oreilles plantées
haut, bien droites,
semblant toujours
en alerte*

*La tête s'effile
régulièrement
des yeux
à la truffe*

*Poitrine
bien
descendue*

COULEURS
VARIÉES

UN PEU D'HISTOIRE Ce chien, le plus répandu dans le monde, est issu d'un programme d'élevage entrepris par Max von Stephanitz au XIXᵉ siècle. Grâce à des croisements entre des bergers à poil court et à poil long de Bavière, du Wurtemberg, et de Thuringe, les éleveurs produisirent ce spécimen à la fois beau et docile. Aujourd'hui, dans la plupart des pays, seule la variété à poil court est admise dans les expositions canines.

CARTE D'IDENTITÉ

PAYS D'ORIGINE Allemagne

APPARITION DE LA RACE XIXᵉ siècle

FONCTION PREMIÈRE gardien de moutons

FONCTIONS ACTUELLES chien de garde, d'assistance, de compagnie

DURÉE DE VIE 12 à 13 ans

AUTRE NOM deutscher schäferhund

POIDS 34 à 43 kg

HAUTEUR AU GARROT 55 à 66 cm

GRŒNENDAEL

Il n'est pas aisé de classer les bergers belges car les Kennel Clubs nationaux ne parviennent pas à s'entendre sur ce point. En 1891, le professeur Adolphe Reul, de l'École vétérinaire belge, mena un recensement de tous les chiens de troupeau de Belgique, qui furent ensuite classés en quatre races distinctes. Dans de nombreux pays, ces animaux sont considérés comme des variétés différentes d'une même race, le berger belge. Aux États-Unis, toutefois, le grœnendael est le véritable berger belge, tandis que le malinois et le tervueren sont reconnus séparément, et que le laekenois n'est pas reconnu du tout. Tous ces chiens, qui ont en commun un fort tempérament, ont besoin d'un dressage précoce.

Oreilles triangulaire rigides

Pelage long, lisse, de couleur noire, particulièrement abondant au niveau des épaules, du cou et du poitrail

UN PEU D'HISTOIRE À la fin du XIXᵉ siècle, les éleveurs s'intéressèrent aux chiens de troupeau indigènes. Des standards furent établis pour maintenir ces animaux au sein d'un nombre réduit de races. La Belgique reconnut, au départ huit standards, dont celui du grœnendael.

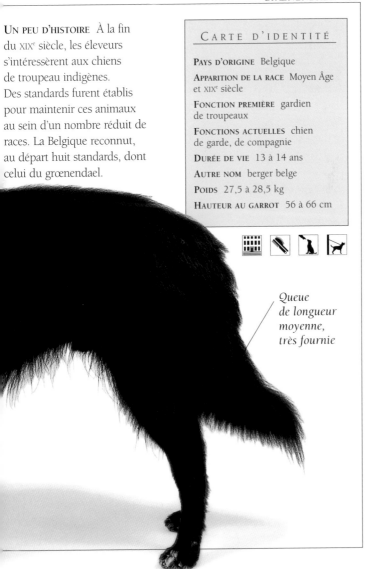

CARTE D'IDENTITÉ

PAYS D'ORIGINE Belgique

APPARITION DE LA RACE Moyen Âge et XIXᵉ siècle

FONCTION PREMIÈRE gardien de troupeaux

FONCTIONS ACTUELLES chien de garde, de compagnie

DURÉE DE VIE 13 à 14 ans

AUTRE NOM berger belge

POIDS 27,5 à 28,5 kg

HAUTEUR AU GARROT 56 à 66 cm

Queue de longueur moyenne, très fournie

LAEKENOIS

Bien qu'il soit aussi opiniâtre et têtu que ses trois parents proches, ce chien a moins tendance à mordre que le grœnendael, le malinois et le tervueren. Sa relative rareté semble inexplicable : il est aussi fécond que les autres bergers belges, et se montre un travailleur tout aussi efficace. Peut-être son aspect rustique détourne-t-il de lui les éleveurs. Toujours en alerte et très actif, il réagit bien au dressage et se montre excellent chien de garde. Doux avec les enfants s'il leur est présenté lorsqu'il est jeune, il peut parfois se montrer querelleur avec les autres chiens.

Arrière-train musclé, sans lourdeur

Queue recouverte de poils denses en broussaille, pas particulièrement longs

Pelage couleur fauve, rêche, sec et normalement un peu emmêlé

Oreilles droites, plantées haut

CARTE D'IDENTITÉ

PAYS D'ORIGINE Belgique

APPARITION DE LA RACE Moyen Âge et XIX\ :superscript:`e` siècle

FONCTION PREMIÈRE gardien de troupeaux

FONCTIONS ACTUELLES chien de garde, de compagnie

DURÉE DE VIE 12 à 14 ans

AUTRE NOM berger belge

POIDS 27,5 à 28,5 kg

HAUTEUR AU GARROT 56 à 66 cm

Museau aux poils hérissés

UN PEU D'HISTOIRE

C'est aujourd'hui le moins répandu des quatre bergers belges. Le rude laekenois, qui fut le chien favori de la reine Henriette de Belgique, porte le nom du château de Laeken, résidence que la souveraine affectionnait. Reconnue en 1897, cette race est similaire aux variétés à poil dur des bergers hollandais.

MALINOIS

Le malinois possède la même robe que les variétés à poil lisse du berger hollandais, mais son tempérament actif, attentif, doté d'un instinct de garde et de protection, est plus proche de celui du laekenois. Après ce dernier, c'est le moins populaire des bergers belges. Pourtant les laekenois et les malinois sont moins hargneux que les tervuerens et les grœnendaels. La rareté du malinois est sans doute due au fait qu'il rivalise avec le berger allemand auquel il ressemble beaucoup. Le malinois, chien plein de ressources, est de plus en plus utilisé par les forces de police pour les missions de sécurité.

Poitrine bien descendue et ample

Membres antérieurs peu écartés

UN PEU D'HISTOIRE Premier des bergers belges reconnu comme un type à part, le malinois devint le standard par rapport auquel on jugeait les autres chiens de troupeau. Portant le nom des Malines, où il était autrefois représenté, ce spécimen ressemble étroitement au berger allemand.

CARTE D'IDENTITÉ

PAYS D'ORIGINE Belgique

APPARITION DE LA RACE Moyen Âge et XIXᵉ siècle

FONCTION PREMIÈRE gardien de troupeaux

FONCTIONS ACTUELLES chien de garde, d'assistance, de compagnie

DURÉE DE VIE 12 à 14 ans

AUTRE NOM berger belge

POIDS 27,5 à 28,5 kg

HAUTEUR AU GARROT 56 à 66 cm

Poils courts et drus, de couleur fauve, aux extrémités noires

En position de détente, la queue, qui retombe souplement, forme une boucle légère à la pointe

GRIS

FAUVE

ROUGE

TERVUEREN

La docilité du tervueren au dressage et sa faculté de concentration en font un favori pour les épreuves d'agilité, pour le travail de sécurité ou de surveillance et pour les services d'assistance aux handicapés. Depuis les dix dernières années, ce chien est utilisé pour détecter les odeurs de drogue passée en contrebande. Le pelage somptueux fauve charbonné du tervueren, où chaque poil clair s'orne d'une extrémité sombre, contribue à sa popularité croissante. Comme tous les bergers belges, ce spécimen a besoin d'être mené d'une main ferme et affectueuse.

GRIS

FAUVE

ROUGE

Membres postérieurs fins et athlétiques, ornés de longs poils

Extrémités arrondies, aux griffes dures et noires

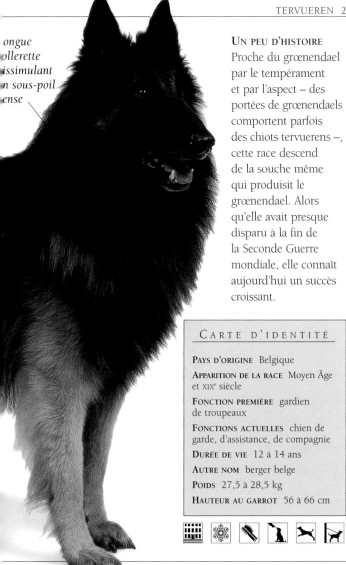

ongue
ollerette
issimulant
n sous-poil
ense

UN PEU D'HISTOIRE
Proche du grœnendael
par le tempérament
et par l'aspect – des
portées de grœnendaels
comportent parfois
des chiots tervuerens –,
cette race descend
de la souche même
qui produisit le
grœnendael. Alors
qu'elle avait presque
disparu à la fin de
la Seconde Guerre
mondiale, elle connaît
aujourd'hui un succès
croissant.

CARTE D'IDENTITÉ

PAYS D'ORIGINE Belgique

APPARITION DE LA RACE Moyen Âge
et XIXᵉ siècle

FONCTION PREMIÈRE gardien
de troupeaux

FONCTIONS ACTUELLES chien de
garde, d'assistance, de compagnie

DURÉE DE VIE 12 à 14 ans

AUTRE NOM berger belge

POIDS 27,5 à 28,5 kg

HAUTEUR AU GARROT 56 à 66 cm

BORDER COLLIE

Ce chien, qui est toujours le gardien
de moutons le plus populaire
de Grande-Bretagne et d'Irlande, est
un chien de compagnie affectueux,
mais difficile, surtout en ville.
Les spécimens issus de lignées
de chiens de travail
possèdent un fort instinct de
prédateur qui, canalisé par
l'élevage et le dressage, se transforme
en un exceptionnel talent de gardien.
En l'absence de stimulation constante,
le besoin de travailler de ce chien se
transforme en comportement destructeur.

CARTE D'IDENTITÉ

PAYS D'ORIGINE Grande-Bretagne

APPARITION DE LA RACE XVIIIᵉ siècle

FONCTION PREMIÈRE gardien
de troupeaux

FONCTIONS ACTUELLES *fieldtrials,*
gardien de troupeaux, chien
de compagnie

DURÉE DE VIE 12 à 14 ans

POIDS 14 à 22 kg

HAUTEUR AU GARROT 46 à 54 cm

*Grands yeux
écartés :
museau effilé
et légèrement
pointu*

UN PEU D'HISTOIRE Bien
que les bergers des
collines d'Écosse utilisent
des border collies depuis
de nombreuses années,
cette race n'a reçu son
nom actuel qu'en 1915.

ROUGE

BLEU
MERLE

NOIR ET
BLANC

TRICOLORE

BRUN

NOIR

*Pelage dense
et brillant,
plutôt rêche*

*Crinière
abondante*

*Queue portée
bas, légèrement
recourbée
à l'extrémité*

*Membres
antérieurs
ossus et
droits*

COLLEY À POIL LONG

L'élégante beauté du colley à poil long attira d'abord l'attention des éleveurs, puis celle du public. Lorsque la reine Victoria adopta ce chien, sa popularité s'accrut. Mais ce sont les films de *Lassie* produits à Hollywood qui firent découvrir le colley au monde entier. Le succès de ce spécimen dans les expositions canines tend à faire oublier son talent de gardien de troupeaux. Loyal, affectueux et docile au dressage, merveilleux chien de garde et de compagnie, il est très doux avec les enfants. Son pelage, qui fait facilement des nœuds, doit être brossé chaque jour.

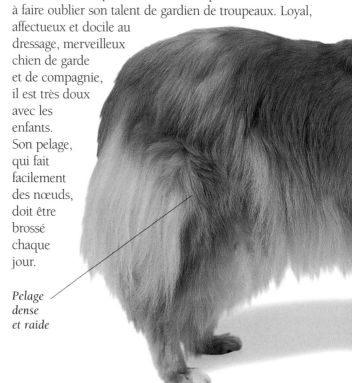

*Pelage
dense
et raide*

*Tête particulière-
ment effilée*

ZIBELINE
ET BLANC

BLEU
MERLE

TRICOLORE

*Collerette
abondante,
lisse et
brillante*

*Yeux en amande,
légèrement obliques*

*Museau sujet aux
coups de soleil*

UN PEU D'HISTOIRE
Originaire des régions
froides du nord de
l'Écosse, le colley, chien
de travail, avait les pattes
plus courtes et le nez
moins allongé que
le spécimen actuel.

CARTE D'IDENTITÉ

PAYS D'ORIGINE Grande-Bretagne
APPARITION DE LA RACE XIXᵉ siècle
FONCTION PREMIÈRE gardien
de troupeaux
FONCTION ACTUELLE chien
de compagnie
DURÉE DE VIE 12 à 14 ans
AUTRES NOMS rough collie, berger
d'Écosse
POIDS 18 à 30 kg
HAUTEUR AU GARROT 51 à 61 cm

*Membres
antérieurs
ornés de
longs poils*

COLLEY À POIL COURT

Pendant très longtemps, le colley à poil court fut assimilé au colley à poil long, car ce dernier donnait parfois naissance à des chiots à poil court. Le tempérament de ces deux chiens a cependant évolué de façon différente. Moins populaire que le colley à poil long, le colley à poil court n'existe pratiquement qu'en Grande-Bretagne. Souvent timide et parfois hargneux, il constitue toutefois un gentil compagnon, qui s'adapte bien à la vie urbaine.

Cuisses musclées,
se prolongeant par
des membres minces

Pelage court
et dense

ZIBELINE
ET BLANC

BLEU
MERLE

TRICOLORE

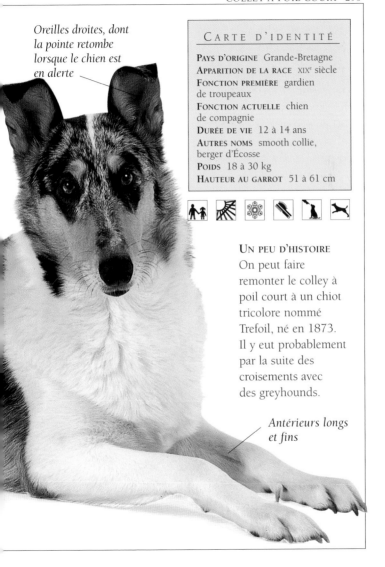

Oreilles droites, dont
la pointe retombe
lorsque le chien est
en alerte

CARTE D'IDENTITÉ

PAYS D'ORIGINE Grande-Bretagne
APPARITION DE LA RACE XIXᵉ siècle
FONCTION PREMIÈRE gardien
de troupeaux
FONCTION ACTUELLE chien
de compagnie
DURÉE DE VIE 12 à 14 ans
AUTRES NOMS smooth collie,
berger d'Écosse
POIDS 18 à 30 kg
HAUTEUR AU GARROT 51 à 61 cm

UN PEU D'HISTOIRE
On peut faire
remonter le colley à
poil court à un chiot
tricolore nommé
Trefoil, né en 1873.
Il y eut probablement
par la suite des
croisements avec
des greyhounds.

Antérieurs longs
et fins

BERGER DES SHETLAND

Le « sheltie » est depuis longtemps l'une des races les plus populaires au Japon, en Grande-Bretagne et en Amérique du Nord. Bien qu'il soit rarement utilisé comme chien de travail, il a conservé son instinct de gardien de troupeaux, protégeant efficacement la maison de son maître. Autrefois baptisé berger d'Écosse nain, il s'agit d'un chien miniaturisé, non d'un nain authentique, comme le teckel. Version réduite des grands bergers écossais, il souffre parfois de troubles liés à la miniaturisation, en particulier d'un risque de fracture des os longs et fins.

Pelage long et rude

ZIBELINE

TRICOLORE

BLEU MERLE

NOIR ET FEU

NOIR ET BLANC

*Oreilles rapprochées,
dont l'extrémité retombe*

UN PEU D'HISTOIRE
Cette race est
peut-être le produit
de croisements entre
des colleys à poil long
importés d'Écosse
et des chiens bergers
des îles Shetland.

*Tête qui s'effile
élégamment
jusqu'à la truffe*

*Collerette
abondante*

CARTE D'IDENTITÉ

PAYS D'ORIGINE Grande-Bretagne

APPARITION DE LA RACE XVIIIᵉ siècle

FONCTION PREMIÈRE gardien
de moutons

FONCTIONS ACTUELLES gardien
de moutons, chien de compagnie

DURÉE DE VIE 12 à 14 ans

AUTRE NOM shetland sheepdog

POIDS 6 à 7 kg

HAUTEUR AU GARROT 35 à 37 cm

COLLIE BARBU

L'exubérance est le trait essentiel du « bearded collie ». Alors que cette race ancienne de chiens de travail avait pratiquement disparu, Mrs. Willison, maîtresse d'une femelle, Jeannie, adopta un mâle, Bailie. Presque tous les spécimens de cette race sont issus de ces deux chiens. Vif et joyeux, le collie barbu, qui a besoin de stimulations physiques et mentales constantes, convient aux personnes actives et disponibles.

CARTE D'IDENTITÉ

PAYS D'ORIGINE Grande-Bretagne

APPARITION DE LA RACE XVIe siècle

FONCTION PREMIÈRE gardien de moutons

FONCTION ACTUELLE chien de compagnie

DURÉE DE VIE 12 à 13 ans

AUTRE NOM bearded collie

POIDS 18 à 27 kg

HAUTEUR AU GARROT 51 à 56 cm

Oreilles tombantes, cachées par de longs poils

Pattes recouvertes de poils longs et broussailleux

UN PEU D'HISTOIRE On dit que le collie barbu est issu du berger de plaine polonais. Après avoir conquis la Grande-Bretagne, il a colonisé les États-Unis et le Canada.

GRIS

FAUVE

BLEU

BRUN

NOIR

Corps allongé au dos bien horizontal ; les poils se séparent en une raie médiane

Queue plantée bas, abondamment poilue

BOBTAIL

En 1961, un fabricant de peinture élabora un spot publicitaire à la télévision, avec un bobtail pour symbole. La popularité de ce chien s'accrut aussi rapidement que les ventes de peinture. L'instinct agressif ancestral du bobtail remonte parfois à la surface ; un dressage précoce est nécessaire pour canaliser l'énorme demande d'affection de l'animal. Parfois aussi maladroit qu'un éléphant dans un magasin de porcelaine, le bobtail est un excellent gardien et un bon compagnon.

Plus le chiot grandit, plus son pelage devient dur et broussailleux

CARTE D'IDENTITÉ

PAYS D'ORIGINE Grande-Bretagne

APPARITION DE LA RACE XIXe siècle

FONCTION PREMIÈRE gardien de moutons

FONCTION ACTUELLE chien de compagnie

DURÉE DE VIE 12 à 13 ans

AUTRE NOM old english sheepdog

POIDS 29,5 à 30,5 kg

HAUTEUR AU GARROT 56 à 61 cm

BLEU

GRIS

UN PEU D'HISTOIRE
Ce spécimen descend probablement des chiens gardiens de moutons continentaux, tels que le briard. Il fit l'objet d'une sélection à partir des années 1880.

Tête presque carrée
aux mâchoires
tronquées et solides

Lorsque le chien
est debout, la ligne
des épaules est plus
basse que celle
des reins

Pelage
fourni, au
sous-poil
imperméable

WELSH CORGI CARDIGAN

Ce chien de travail robuste est un *heeler* (talonneur) instinctif, qui conduisait les troupeaux en pinçant les bestiaux au talon, sa petite taille lui évitant les coups de sabot intempestifs. En ancien gallois, *cur* signifiait « surveiller », tandis que *gi* veut dire « chien ». Le corgi ne dément pas son nom : il se montre bon gardien, courageux défenseur de son territoire et excellent conducteur de troupeaux. C'est également un compagnon exubérant.

CARTE D'IDENTITÉ

PAYS D'ORIGINE Grande-Bretagne

APPARITION DE LA RACE Moyen Âge ?

FONCTION PREMIÈRE conducteur de troupeaux

FONCTIONS ACTUELLES conducteur de troupeaux, chien de compagnie

DURÉE DE VIE 12 à 14 ans

AUTRE NOM cardigan welsh corgi

POIDS 11 à 17 kg

HAUTEUR AU GARROT 27 à 32 cm

Poils lisses protecteurs recouvrant un sous-poil doux et isolant

Queue longue et touffue, comme celle du renard

TOUTES
LES
COULEURS

*Yeux de taille
moyenne bien écartés,
obliques et sombres*

*Cou puissant,
légèrement
bombé,
surmontant
des épaules
tombantes*

UN PEU D'HISTOIRE
Selon certains experts,
ce chien arriva en
Grande-Bretagne avec
les Celtes, il y a plus
de 3 000 ans. D'autres
spécialistes affirment qu'il
est un parent éloigné
de bassets continentaux,
et qu'il fut introduit en
Grande-Bretagne il y a
1 000 ans. Au XIXe siècle,
des croisements avec
le welsh corgi pembroke
ont réduit les différences
entre les deux races.

WELSH CORGI PEMBROKE

Ce petit chien ressemble étonnamment au chien des Goths. Il n'est pas impossible que les Vikings aient emmené des ancêtres du pembroke lorsqu'ils retournèrent en Scandinavie. Jusqu'au XIXᵉ siècle, les heelers (talonneurs) furent utilisés dans toute la Grande-Bretagne, conduisant les troupeaux en mordant les bêtes au talon. L'énergie et l'efficacité des ancêtres du pembroke produisirent un travailleur très apprécié. Bien qu'il soit encore utilisé comme chien de troupeau, cet animal joue le plus souvent le rôle de compagnon. Les éleveurs s'efforcent, sans grand succès, de réduire sa tendance au mordillement.

L'absence de queue est une caractéristique héréditaire

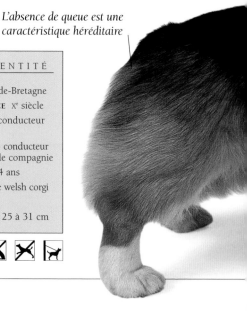

CARTE D'IDENTITÉ

PAYS D'ORIGINE Grande-Bretagne
APPARITION DE LA RACE Xᵉ siècle
FONCTION PREMIÈRE conducteur de troupeaux
FONCTIONS ACTUELLES conducteur de troupeaux, chien de compagnie
DURÉE DE VIE 12 à 14 ans
AUTRE NOM pembroke welsh corgi
POIDS 10 à 12 kg
HAUTEUR AU GARROT 25 à 31 cm

ZIBELINE FAUVE NOIR ET FEU ROUGE

Oreilles fermes et droites, aux bouts arrondis

UN PEU D'HISTOIRE

Des documents anciens indiquent que le welsh corgi pembroke existe en Grande-Bretagne depuis l'an 920 – ce chien accompagnait les tisserands flamands qu'introduisit, dans ce pays, le roi Henry Ier.

Corps visiblement plus court que celui du welsh corgi cardigan

Lancashire heeler

Avec l'avènement du transport automobile, le travail des chiens heelers (talonneurs) – qui conduisaient les troupeaux en mordillant les bêtes au talon – n'était plus nécessaire. En Grande-Bretagne, un certains nombre de races disparurent. Le lancashire heeler actuel, presque identique à son ancêtre en ce qui concerne la taille et la couleur (noir et feu), rarement utilisé comme chien de troupeau, n'a jamais appris à se comporter comme tel. Très alerte, excellent chasseur de lapins et de rats, il se révèle aussi un très agréable chien de compagnie.

Queue plantée haut et portée en avant, au-dessus du dos

Un peu d'histoire Les heelers étaient des chiens très répandus dans les régions où le bétail devait être conduit au marché. Le lancashire heeler disparut au début du XXᵉ siècle ; la race actuelle, recréée dans les années 1960, est due à un croisement entre le welsh corgi et le terrier de Manchester.

Arrière-train puissamment musclé

Pattes courtes par rapport à la taille du corps

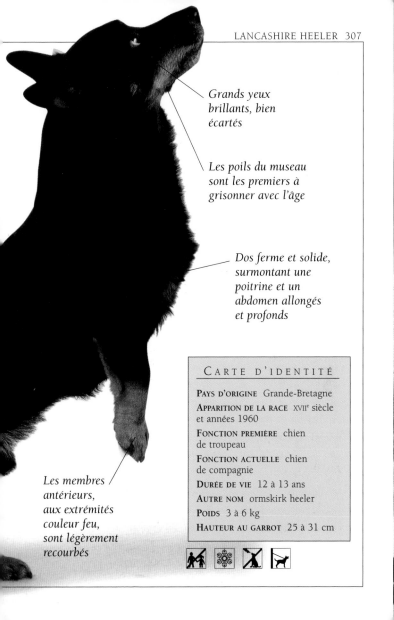

Grands yeux brillants, bien écartés

Les poils du museau sont les premiers à grisonner avec l'âge

Dos ferme et solide, surmontant une poitrine et un abdomen allongés et profonds

Les membres antérieurs, aux extrémités couleur feu, sont légèrement recourbés

CARTE D'IDENTITÉ

PAYS D'ORIGINE Grande-Bretagne

APPARITION DE LA RACE XVIIᵉ siècle et années 1960

FONCTION PREMIÈRE chien de troupeau

FONCTION ACTUELLE chien de compagnie

DURÉE DE VIE 12 à 13 ans

AUTRE NOM ormskirk heeler

POIDS 3 à 6 kg

HAUTEUR AU GARROT 25 à 31 cm

CHIEN DES GOTHS

Considéré en Suède comme une race indigène, ce chien de troupeau énergique est probablement issu des bassets d'Europe continentale. Rude et tenace, c'est un travailleur acharné qui possède le courage infatigable des heelers (talonneurs), chiens qui conduisaient les troupeaux. Excellent chien de ferme, il sait aussi garder et protéger son territoire et éliminer les rongeurs. C'est un superbe chien de compagnie pour un maître expérimenté, mais sa tendance à mordiller ne disparaît jamais tout à fait.

CARTE D'IDENTITÉ

PAYS D'ORIGINE Suède

APPARITION DE LA RACE Moyen Âge

FONCTIONS PREMIÈRES gardien de troupeaux, ratier, chien de garde

FONCTIONS ACTUELLES gardien de troupeaux, ratier, chien de garde, de compagnie

DURÉE DE VIE 12 à 14 ans

AUTRES NOMS vallhund suédois, västgötaspets

POIDS 11 à 15 kg

HAUTEUR AU GARROT 31 à 35 cm

Cou allongé, dont la nuque est très musclée

Pelage dense et dur, recouvrant un sous-poil fin et serré

GRIS

FAUVE
ROUGE

BRUN
ROUGE

BRUN-
GRIS

UN PEU D'HISTOIRE Le chien des Goths, dont l'aspect et le tempérament sont très semblables à ceux du welsh corgi pembroke, arriva en Scandinavie avec les Vikings, qui avaient séjourné dans le Pembrokeshire, au pays de Galles. Sa survie fut assurée dans les années 1940 par un éleveur suédois, von Rosen.

Pattes puissantes, aux extrémités courtes et ovales, dotées de coussinets ronds

BOUVIER AUSTRALIEN

En Grande-Bretagne, le blue heeler, aujourd'hui disparu, était utilisé sur les quais d'embarquement pour faire monter les moutons et les bovins sur les bateaux. Bien qu'il soit d'origine très différente, le bouvier australien ressemble étroitement à ce chien ancien. Un pionnier australien, Thomas Smith Hall, désirait posséder un chien de ce type qui fût assez robuste pour supporter les conditions difficiles de la conduite des troupeaux dans l'Australie du XIXᵉ siècle. En le croisant avec un dingo, capable de ramper jusqu'à sa proie avant de l'attraper, Hall créa un chien très similaire au bouvier actuel. Méfiant, ce spécimen doit être présenté aux personnes et aux autres animaux de la famille lorsqu'il est jeune.

CARTE D'IDENTITÉ

PAYS D'ORIGINE Australie

APPARITION DE LA RACE XIXᵉ siècle

FONCTION PREMIÈRE gardien de troupeaux

FONCTIONS ACTUELLES gardien de troupeaux, chien de compagnie

DURÉE DE VIE 12 ans

AUTRES NOMS australian cattle dog, heeler, blue heeler, halls heeler, queensland heeler

POIDS 16 à 20 kg

HAUTEUR AU GARROT 43 à 51 cm

FEU

BLEU

Oreilles droites, bien écartées

Yeux alertes, au regard intense

Poitrine large et bien descendue

UN PEU D'HISTOIRE

Le bouvier australien, sûr de lui et possédant de grandes facultés d'adaptation, est le résultat de soixante ans de croisements. Parmi les races utilisées, citons le red bobtail, le colley bleu merle et le dingo.

Pieds larges et arrondis, aux coussinets noirs

Australian shepherd dog

Pratiquement inconnu en dehors des États-Unis, ce chien bénéficie actuellement d'une popularité croissante en raison de son caractère obéissant et de sa belle allure. Élevé à l'origine comme chien de berger de Californie, région où règne un climat varié, l'australian shepherd s'adapte aussi bien à la vie de famille qu'au travail de recherche et de sauvetage dans lequel il excelle. Affectueux et joueur, il a gardé son instinct de travailleur. Certains éleveurs ont entrepris de réduire sa taille.

Pattes *postérieurs ornées de poils fournis*

Carte d'identité

PAYS D'ORIGINE États-Unis, Australie, Nouvelle-Zélande

APPARITION DE LA RACE XXe siècle

FONCTION PREMIÈRE gardien de moutons

FONCTIONS ACTUELLES gardien de moutons, chien de compagnie

DURÉE DE VIE 12 à 13 ans

POIDS 16 à 32 kg

HAUTEUR AU GARROT 46 à 58 cm

UN PEU D'HISTOIRE Ce chien, qui fut élaboré à partir du XXᵉ siècle, a pour ancêtres des bergers d'Australie et de Nouvelle-Zélande.

Corps moyennement allongé

Truffe brune fréquente

Pelage relativement rude

Extrémités larges et solides, fournissant un bon appui

Collerette épaisse

ROUGE

FOIE

NOIR

BLEU MERLE

BERGER DE MAREMME-ABRUZZES

Chien de troupeau classique, cet animal est probablement un proche descendant des grands bergers orientaux qui se sont répandus lentement sur le continent européen il y a plus d'un millénaire. Le berger d'Anatolie et l'akbash, chiens de Turquie, le kuvac, de Slovaquie, le kuvasz et le komondor, de Hongrie, ainsi que le chien de montagne de Pyrénées, sont tous issus de ces chiens migrateurs. Au fil de l'évolution de la race, la taille du maremme s'est réduite, mais ce spécimen a gardé son tempérament indépendant et un peu distant. Bien qu'il se répande en Grande-Bretagne, il reste rare hors d'Italie. Son caractère bien trempé, qui le rend peu docile au dressage, en fait un superbe gardien.

Oreilles en forme de « v »

CARTE D'IDENTITÉ

PAYS D'ORIGINE Italie

APPARITION DE LA RACE Antiquité

FONCTION PREMIÈRE gardien de troupeaux

FONCTIONS ACTUELLES chien de garde, de compagnie

DURÉE DE VIE 11 à 13 ans

AUTRES NOMS cane da pastore maremmano-abruzzese ; maremma, pastore abruzzese

POIDS 30 à 45 kg

HAUTEUR AU GARROT 60 à 73 cm

UN PEU D'HISTOIRE

Le maremme d'aujourd'hui est le descendant du berger de Maremme à poil court et du chien de montagne des Abruzzes, au corps plus allongé.

Cage thoracique ample qui descend jusqu'au coude

Poils abondants, longs et rudes, au mouvement souple

Queue plantée bas, ornée de poils denses

Berger d'Anatolie

Les bergers turcs n'ont jamais utilisé les chiens pour mener les troupeaux, mais seulement pour les protéger des prédateurs. Ces animaux étaient tous réunis sous la dénomination de « coban kopegi ». Dans les années 1970, les éleveurs ont commencé à s'intéresser aux variétés régionales. Au centre de la Turquie, on trouve des chiens ressemblant étroitement à ceux de l'est du pays. Dans son pays natal, le berger d'Anatolie, toujours gardien de troupeaux, protège le bétail contre les loups, les ours et les chacals. Déterminé et indépendant, il n'a pas le tempérament d'un chien de compagnie. Toutefois, si on l'y habitue très tôt, il peut s'adapter à un environnement familial.

CARTE D'IDENTITÉ

PAYS D'ORIGINE Turquie

APPARITION DE LA RACE Moyen Âge

FONCTION PREMIÈRE gardien de moutons

FONCTION ACTUELLE gardien de moutons

DURÉE DE VIE 10 à 11 ans

AUTRES NOMS anatolian shepherd dog, karabash

POIDS 41 à 64 kg

HAUTEUR AU GARROT 71 à 81 cm

Pelage plat, court et dense, au sous-poil épais

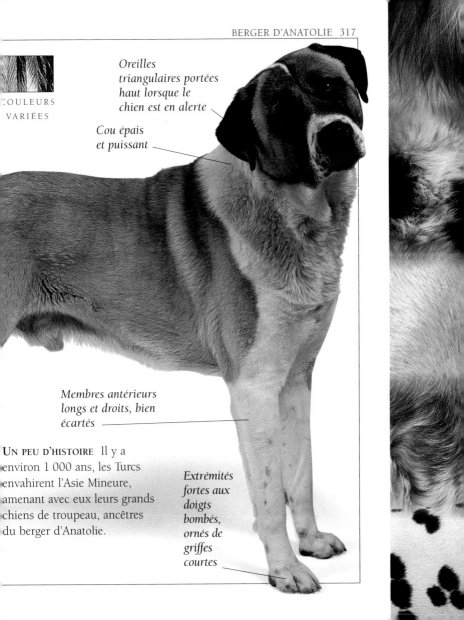

COULEURS
VARIÉES

Oreilles triangulaires portées haut lorsque le chien est en alerte

Cou épais et puissant

Membres antérieurs longs et droits, bien écartés

UN PEU D'HISTOIRE Il y a environ 1 000 ans, les Turcs envahirent l'Asie Mineure, amenant avec eux leurs grands chiens de troupeau, ancêtres du berger d'Anatolie.

Extrémités fortes aux doigts bombés, ornés de griffes courtes

KOMONDOR

La robe « en cordelettes » du komondor a, des siècles durant, protégé l'animal des éléments et des loups, lorsqu'il gardait les troupeaux en Hongrie. Ses talents de gardien sont aujourd'hui utilisés en Amérique du Nord pour défendre les moutons contre les coyotes. Ce chien est élevé très tôt en compagnie de son troupeau, et il est tondu en même temps que les ovins. C'est un compagnon très agréable, mais son pelage nécessite beaucoup d'entretien car ses « cordelettes » forment rapidement des nœuds.

CARTE D'IDENTITÉ

PAYS D'ORIGINE Hongrie

APPARITION DE LA RACE Antiquité

FONCTION PREMIÈRE gardien de moutons

FONCTIONS ACTUELLES gardien de troupeaux, chien de compagnie

DURÉE DE VIE 12 ans

POIDS 36 à 61 kg

HAUTEUR AU GARROT 65 à 90 cm

Les cordelettes épaisses et lourdes évoquent le feutre au toucher

UN PEU D'HISTOIRE On pense
que ce spécimen, le plus grand
des chiens de berger hongrois,
accompagnait les Magyars
lorsqu'ils s'installèrent
en Hongrie il y a plus d'un
millénaire. Bien que son nom
soit mentionné depuis 1544,
cette race ne fut véritablement
reconnue qu'en 1910.

*Cou musclé dont
la peau est pigmentée
de gris*

*Le pelage,
abondant et rude,
recouvre un sous-
poil duveteux,
très doux*

KUVASZ

Selon les livres d'histoire hongrois, au XVᵉ siècle, le roi Matthias Iᵉʳ utilisait le kuvasz pour chasser le sanglier. Pourtant ce chien n'est pas un chasseur instinctif mais plutôt un gardien dans l'âme ; il aime mieux garder son troupeau que participer à une chasse.

Animal puissant, qui défend son territoire avec détermination, il a besoin d'un maître expérimenté. Toutefois, il se révèle un compagnon loyal, dévoué à sa famille humaine.

Oreilles plantées haut, bien écartées

Truffe pointue, de couleur noire

UN PEU D'HISTOIRE Certains experts affirment que ce grand gardien blanc est arrivé en Hongrie au XIIᵉ siècle, avec des nomades turcs. Mentionné pour la première fois au XVIIᵉ siècle, il tient son nom de *havas,* ou *kawasz,* mots turcs qui le décrivent bien, car ils signifient « garde armé ».

CARTE D'IDENTITÉ

PAYS D'ORIGINE Hongrie

APPARITION DE LA RACE Moyen Âge

FONCTION PREMIÈRE gardien de troupeaux

FONCTIONS ACTUELLES chien de garde, de compagnie

DURÉE DE VIE 12 à 14 ans

POIDS 30 à 52 kg

HAUTEUR AU GARROT 66 à 75 cm

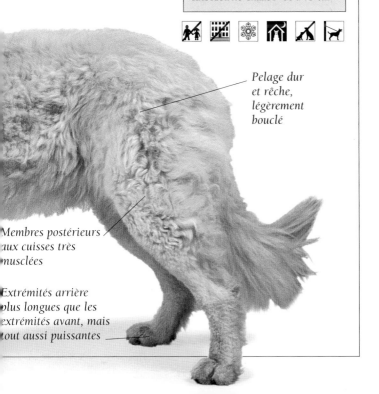

Pelage dur et rêche, légèrement bouclé

Membres postérieurs aux cuisses très musclées

Extrémités arrière plus longues que les extrémités avant, mais tout aussi puissantes

BERGER DE PLAINE POLONAIS

Il est considéré comme un lien important entre les chiens de troupeau asiatiques au pelage « en cordelettes », introduits en Europe il y a plus de 1 000 ans, et des chiens hérissés plus récents, tels que le collie barbu et le schapendoes hollandais. Le berger de plaine polonais fut ressuscité par des éleveurs polonais après la Seconde Guerre mondiale. Très apprécié en Pologne comme ailleurs, il est en général utilisé comme animal de compagnie, bien qu'il soit toujours un très bon berger.

Pelage long, dense et hérissé,
qui recouvre tout le corps

CARTE D'IDENTITÉ

PAYS D'ORIGINE Pologne

APPARITION DE LA RACE XVIᵉ siècle

FONCTION PREMIÈRE chien de chasse

FONCTIONS ACTUELLES chien de troupeau, de compagnie

DURÉE DE VIE 13 à 14 ans

AUTRE NOM polski owczarek nizinny

POIDS 14 à 16 ans

HAUTEUR AU GARROT 41 à 51 cm

UN PEU D'HISTOIRE Ce chien de taille moyenne, robuste gardien de moutons, est probablement issu de gardiens de troupeaux des plaines hongroises, et d'autres bergers à poil long. Les ravages de la Seconde Guerre mondiale ont failli provoquer son extinction.

Front, joues
et menton
abondamment
poilus

Dos
plutôt
large,
bien
droit

Cage
thoracique
modérément
descendue

Pattes
couvertes
de poils
fournis
et rudes

TOUTES LES
COULEURS

BERGER DE BRIE

C e chien est l'un des compagnons les plus appréciés des Français. Pourtant, ce n'est que depuis 1970 que les éleveurs ont entrepris d'atténuer sa timidité ainsi que son agressivité due à une excessive nervosité. Grâce à une sélection attentive, il se montre très sociable au sein de la famille, sans avoir perdu son instinct de gardien. Son pelage isolant protège cet excellent berger des intempéries. Les soldats américains ont introduit ce chien rude et musclé aux États-Unis après la Première Guerre mondiale, mais il lui a fallu cinquante ans pour se faire accepter.

UN PEU D'HISTOIRE Les origines, très anciennes, du briard sont inconnues, mais il a été autrefois considéré comme une variété de beauceron à poil de chèvre. On raconte qu'il est issu de croisements entre des beaucerons et des barbets (probables ancêtres du caniche). Portant le nom de la province dont il est issu, la Brie, ce chien a gardé des troupeaux dans la France entière.

CARTE D'IDENTITÉ

PAYS D'ORIGINE France

APPARITION DE LA RACE Moyen Âge et XIXᵉ siècle

FONCTION PREMIÈRE gardien de troupeaux

FONCTIONS ACTUELLES chien de garde, de compagnie

DURÉE DE VIE 11 à 13 ans

AUTRE NOM briard

POIDS 33,5 à 34,5 kg

HAUTEUR AU GARROT 57 à 69 cm

FAUVE

NOIR

Grands yeux au
regard paisible

Museau carré
orné d'une truffe
noire

Oreilles courtes,
plantées haut,
recouvertes de poils

Barbe
proéminente
caractéristique

Poils longs,
souples et secs,
comme ceux
d'une chèvre

Poitrine
large et
profonde

BERGER DE BEAUCE

Ce chien actif et déterminé a besoin d'être mené d'une main ferme et réclame beaucoup d'exercice, mais il offre en retour à son maître sa compagnie fidèle et sa protection. Doté d'un corps lisse, agile et puissant, il se montre parfois difficile à dresser. Ses rencontres avec d'autres chiens adultes doivent s'effectuer sous surveillance. Toutefois, comme le briard, il est affectueux et agréable à vivre. Ce chien de travail efficace devient également de plus en plus populaire dans les expositions canines.

Pelage court, dense et rude couché sur la peau

Ergot double sur chaque patte postérieur

CARTE D'IDENTITÉ

PAYS D'ORIGINE France

APPARITION DE LA RACE Moyen Âge

FONCTION PREMIÈRE chasseur de sangliers

FONCTION ACTUELLE chien de compagnie

DURÉE DE VIE 11 à 13 ans

AUTRES NOMS beauceron, bas-rouge

POIDS 30 à 39 kg

HAUTEUR AU GARROT 64 à 71 cm

Yeux dont la couleur varie selon les teintes de la robe

Tête allongée au crâne légèrement bombé

UN PEU D'HISTOIRE

Originaire de la Brie, le beauceron est étroitement apparenté au briard. Les deux animaux sont dotés d'ergots doubles. Bien que le berger de Beauce semble issu d'un croisement entre le mastiff et le doberman, son anatomie est étonnamment similaire à celle évoquée par des ossements remontant à 2 000 ans, exhumés à l'est de la France.

NOIR ET FEU

NOIR

ARLEQUIN

Antérieurs longs et droits, aux extrémités arrondies pourvues de griffes noires

BOUVIER DES FLANDRES

Ce chien de ferme robuste, conducteur de troupeaux et chien d'attelage, possédait plusieurs variétés de pelage et de couleurs de robe jusqu'en 1965, date à laquelle les standards actuels furent établis. Durant la Première Guerre mondiale, l'armée française utilisa le bouvier dans son corps médical, mais ce spécimen se raréfia spectaculairement aussitôt après. C'est grâce au Kennel Club de Belgique que la race fut sauvée de l'oubli. Ce chien puissant, habituellement aimable, peut parfois se montrer agressif. Il est très populaire dans son pays natal et en Amérique du Nord, à la fois comme travailleur de ferme et comme compagnon.

COULEURS
VARIÉES

*Extrémités
courtes
et arrondies*

*Oreilles
relativement
petites, plantées
haut sur une tête
volumineuse*

*Dos court,
large et
puissant*

*Pelage sec et
terne, rêche
au toucher*

CARTE D'IDENTITÉ

PAYS D'ORIGINE Belgique, France
APPARITION DE LA RACE XVIIᵉ siècle
FONCTION PREMIÈRE gardien
de troupeaux
FONCTIONS ACTUELLES chien
de garde, de compagnie
DURÉE DE VIE 11 à 12 ans
POIDS 27 à 40 kg
HAUTEUR AU GARROT 58 à 69 cm

UN PEU D'HISTOIRE
À l'exception du bouvier
des Ardennes, presque disparu
aujourd'hui, ce chien est le seul
survivant des variétés autrefois
abondantes de bouviers belges.
Il est probablement issu de
croisements entre des griffons
et des beaucerons anciens.

*Sous-poil fin
et duveteux*

BERGER DE BERGAME

D'aspect et de tempérament, ce chien résistant et polyvalent ressemble beaucoup au briard. Toutefois, alors que ce dernier est très populaire en France et à l'étranger, le « bergamasque » reste relativement inconnu, à la fois à l'intérieur et à l'extérieur de son pays natal. La race a d'ailleurs failli disparaître plusieurs fois. Travailleur particulièrement efficace, ce chien est doté d'un pelage « en cordelettes » destiné à le protéger à la fois des intempéries et des coups de sabot du bétail. Affectueux, courageux et loyal, c'est un gardien et un compagnon excellents, bien qu'il s'adapte mal à la vie citadine.

Absence de bourre sur le pelage du chiot

CARTE D'IDENTITÉ

PAYS D'ORIGINE Italie

APPARITION DE LA RACE Antiquité

FONCTION PREMIÈRE gardien de troupeaux

FONCTIONS ACTUELLES chien de garde, de compagnie

DURÉE DE VIE 11 à 13 ans

AUTRE NOM cane da pastore bergamasco

POIDS 26 à 38 kg

HAUTEUR AU GARROT 56 à 61 cm

Extrémités comme celles du lièvre, ornées de coussinets fins et de griffes noires

UN PEU D'HISTOIRE Il y a 2 000 ans, des écrivains romains, traitant d'agriculture, décrivirent le gardien de moutons idéal : pas aussi rapide qu'un chien courant, pas aussi fort qu'un gardien, mais suffisamment agile et déterminé pour repousser les loups et les poursuivre. Le bergame répond aux critères exigés.

Tête ornées de poils fins, qui recouvrent un museau effilé

Poils longs et doux qui s'agglutinent en cordelettes de bourre

BERGER PORTUGAIS

Pendant la plus grande partie du XXᵉ siècle, le berger portugais a assisté les bergers qui élevaient leurs troupeaux au sud du Portugal, région très pauvre. Mais vers 1970 la race avait presque disparu. Heureusement, la beauté du pelage du berger portugais et son caractère souple furent remarqués par des éleveurs. Aujourd'hui, la survie de ce chien est assurée car il a rencontré la faveur du public. Facile à dresser, doux avec les enfants et avec ses congénères, il ne mord que lorsqu'on le provoque. Pourtant, malgré ses nombreuses qualités, le berger portugais est pratiquement inconnu en dehors de son pays natal.

CARTE D'IDENTITÉ

PAYS D'ORIGINE Portugal
APPARITION DE LA RACE XIXᵉ siècle
FONCTION PREMIÈRE gardien de troupeaux
FONCTIONS ACTUELLES chien de troupeau, de compagnie
DURÉE DE VIE 12 à 13 ans
AUTRE NOM cão da serra de aires
POIDS 12 à 18 kg
HAUTEUR AU GARROT 41 à 56 cm

RUN-JAUNE

FAUVE

GRIS

BRUN

NOIR

Oreilles de taille moyenne tombant sur les joues

UN PEU D'HISTOIRE Ce berger au poil broussailleux, gardien et conducteur de troupeaux, descend probablement de briards importés par le comte de Castro Guimaraes, qui effectua des croisements avec des chiens de montagne locaux ou peut-être des chiens de moutons catalans.

Yeux sombres

Extrémités couvertes de longs poils

CHIEN DE MONTAGNE PORTUGAIS

Durant des siècles, ce mastiff a guidé et défendu les troupeaux contre les loups dans les montagnes du Portugal. Le pelage dense et double particulier à la variété à poil long fournit une protection contre le froid. Bien qu'il travaille encore de nos jours, ce spécimen calme, instinctivement dominant, est également utilisé comme chien de compagnie – il lui faut toutefois un maître ferme. Il est aussi apprécié en Grande-Bretagne, où il figure souvent dans les expositions canines. Bien qu'il soit parfois sujet à la dysplasie des hanches, il jouit en général d'une bonne santé.

CARTE D'IDENTITÉ

PAYS D'ORIGINE Portugal

APPARITION DE LA RACE Moyen Âge

FONCTION PREMIÈRE gardien de troupeaux

FONCTIONS ACTUELLES chien de troupeau, de compagnie

DURÉE DE VIE 11 à 13 ans

AUTRE NOM cão da serra da estrela

POIDS 30 à 50 kg

HAUTEUR AU GARROT 62 à 72 cm

UN PEU D'HISTOIRE Ce chien, qui appartient à la plus populaire des races portugaises, est l'un des plus anciens de la péninsule Ibérique. Il est issu de mastiffs asiatiques introduits en Occident, et serait apparenté au mâtin espagnol. Au XXe siècle, le chien de montagne portugais a pâti de croisements peu orthodoxes avec des bergers allemands.

Yeux de taille moyenne, ovales et bien horizontaux

Poil abondant et plus sombre que le sous-poil, également épais

FAUVE

Antérieurs épais et ossus

ROUGE
BRINGÉ

NOIR
BRINGÉ

CHIEN DE MONTAGNE DES PYRÉNÉES

Les premiers pyrénéens utilisés comme chien de compagnie avaient un tempérament affirmé et belliqueux. Au cours de ces dernières années, les éleveurs ont réussi à diminuer ces caractéristiques, tout en maintenant les qualités de l'animal : patience, courage et noblesse. Le chien des Pyrénées continue toutefois d'adopter une attitude de défense dès que l'on franchit son territoire. En raison de sa grande taille, il s'adapte mal à un environnement urbain. Il est très apprécié en France, en Grande-Bretagne et en Amérique du Nord.

CARTE D'IDENTITÉ

PAYS D'ORIGINE France

APPARITION DE LA RACE
Antiquité

FONCTION PREMIÈRE gardien
de moutons

FONCTIONS ACTUELLES chien
de garde, de compagnie

DURÉE DE VIE 11 à 12 ans

POIDS 45 à 60 kg

HAUTEUR AU GARROT 65 à 81 cm

*Extrémités
plutôt petites
et compactes*

*Petites oreilles
triangulaires, plantées
au niveau des yeux,
pendant le long de la tête*

*Petits yeux
couleur d'ambre,
au regard serein*

UN PEU D'HISTOIRE

Ce chien magnifique
descend de l'un des grands
mastiffs blancs qui se sont
répandus en Europe ;
il est probablement
apparenté au maremme
italien, au kuvasz hongrois
et au karabash turc.

*Antérieurs
ornés
d'une
frange
duveteuse*

BERGER DES PYRÉNÉES

Ce chien très vif a été élaboré pour sa vitesse, son endurance et son intense activité. Ses trois variétés de pelage indiquent qu'il a été conçu pour travailler sous des climats différents, non pour des expositions canines. Dans son environnement accidenté, il a assisté autrefois le chien de montagne des Pyrénées : il menait et gardait les troupeaux, tandis que son congénère défendait le bétail contre les loups. Le pelage du berger des Pyrénées à poil long fournit une protection efficace contre les intempéries, même au cœur des hivers rudes. La relative petite taille de ce chien et sa docilité au dressage en font un compagnon appréciable.

CARTE D'IDENTITÉ

PAYS D'ORIGINE France

APPARITION DE LA RACE XVIIIe siècle

FONCTIONS PREMIÈRES chien de troupeau, de garde

FONCTIONS ACTUELLES chien de troupeau, de garde, de compagnie

DURÉE DE VIE 12 ans

AUTRES NOMS labrit, chien d'Arbazie, chien de Bagnères, chien d'Auzun

POIDS 8 à 15 kg

HAUTEUR AU GARROT 38 à 56 cm

UN PEU D'HISTOIRE Parent petit et frêle du berger catalan, ce spécimen existe sous trois formes : à poil long, à poil rude et à poil lisse. Agile et résistant, il s'est développé dans la région comprise entre Lourdes et Gavarnie.

Yeux brun foncé ourlés de noir, très expressifs

Pelage court et fin sur la face

Tête et joues ornées de longs poils

FAUVE

GRIS

ROUGE BRINGÉ

BLEU

NOIR BRINGÉ

BOUVIER BERNOIS

L a popularité du bouvier bernois s'accroît rapidement à la fois en Europe et en Amérique du Nord. Dans les années 1930, un certain nombre d'éleveurs s'efforcèrent d'augmenter sa taille et son talent de gardien, conservant ainsi, dans certaines lignées, une instabilité de caractère qui conduit encore aujourd'hui à des manifestations d'agressivité, même en l'absence de provocation. Chien de travail, entraîné à la conduite des troupeaux et à l'attelage, le bouvier bernois, docile au dressage, connaît un grand succès dans les expositions canines. Géant affectueux, il a besoin d'être mené d'une main experte.

CARTE D'IDENTITÉ

PAYS D'ORIGINE Suisse

APPARITION DE LA RACE Antiquité et XXᵉ siècle

FONCTION PREMIÈRE chien d'attelage

FONCTION ACTUELLE chien de compagnie

DURÉE DE VIE 10 à 12 ans

AUTRES NOMS bouvier de Berne, berner sennenhund

POIDS 40 à 44 kg

HAUTEUR AU GARROT 58 à 70 cm

Queue duveteuse qui ne se recourbe pas

UN PEU D'HISTOIRE Une autre race ancienne, le bernois, avait presque disparu à la fin du XIXe siècle lorsque Franz Schertenlieb, éleveur qui s'intéressait à l'histoire des chiens de montagne suisses, découvrit quelques beaux animaux dans la région de Berne. Le bouvier bernois reçut son nom en 1908.

Museau long au nez de taille moyenne

Poils blancs sur la poitrine, l'arête du nez et les extrémités

Pelage long, abondant et lisse, d'un noir luisant

Antérieurs robustes

GRAND BOUVIER SUISSE

À l'exception du saint-bernard, cet animal, le plus grand des chiens de montagne suisses, est probablement aussi le plus ancien. Pendant des siècles, il a été utilisé comme animal de trait dans les villages et dans les fermes. Il s'est répandu au début du XXe siècle grâce à Franz Schertenlieb et à Albert Heim qui donnèrent un nouvel élan à la race. Doux avec les humains, le grand bouvier suisse se montre parfois querelleur avec d'autres chiens.

Au repos, la queue épaisse est portée bas

CARTE D'IDENTITÉ

PAYS D'ORIGINE Suisse

APPARITION DE LA RACE Antiquité et XXe siècle

FONCTION PREMIÈRE chien de trait

FONCTION ACTUELLE chien de compagnie

DURÉE DE VIE 10 à 11 ans

AUTRE NOM grosser schweizersennenhund

POIDS 59 à 61 kg

HAUTEUR AU GARROT 60 à 72 cm

Tête robuste, au museau orné d'un sillon

Pelage dur, recouvrant la totalité du sous-poil

Paupières étroites et tendues

Pli de la peau au niveau du larynx

UN PEU D'HISTOIRE Autre probable descendant des grands mastiffs romains, ce chien fut « découvert » au début du XXe siècle par Franz Schertenlieb, qui le présenta à Albert Heim. Ce dernier pensait que ce spécimen avait disparu. Grâce aux efforts des deux hommes, la race, revitalisée, fut reconnue en 1910.

Extrémités courtes et arrondies, aux doigts bombés

SAINT-BERNARD

Célèbre pour avoir souvent sauvé des victimes d'avalanches ou d'accidents de montagne, le saint-bernard est élevé depuis les années 1660 par les moines de l'hospice du Grand-Saint-Bernard. Il a été utilisé comme chien de trait, en raison de sa force remarquable, et aussi pour tracer des pistes dans la neige. Le géant bienveillant que nous connaissons aujourd'hui, à la musculature puissante, s'adapte mal, en raison de sa taille, à la vie dans un intérieur réduit.

Lèvre inférieure légèrement pendante

Oreilles pendantes un peu recourbées

Poil et sous-poil denses

CARTE D'IDENTITÉ

PAYS D'ORIGINE Suisse

APPARITION DE LA RACE Moyen Âge

FONCTIONS PREMIÈRES chien de trait, chien de compagnie

FONCTIONS ACTUELLES chien de sauvetage, de compagnie

DURÉE DE VIE 11 ans

AUTRE NOM st-bernardshund

POIDS 50 à 91 kg

HAUTEUR AU GARROT 61 à 71 cm

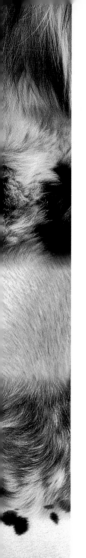

UN PEU D'HISTOIRE Issu des mastiffs introduits en Suisse lorsque l'armée romaine traversa les Alpes, le saint-bernard avait autrefois un comportement agressif. Il disparut presque entièrement, puis fut recréé, probablement à l'aide du terre-neuve et du dogue allemand. Le nom de la race était utilisé couramment dès 1865.

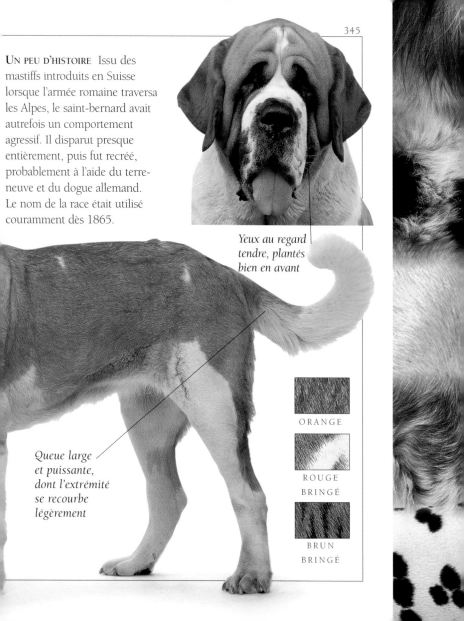

Yeux au regard tendre, plantés bien en avant

Queue large et puissante, dont l'extrémité se recourbe légèrement

ORANGE

ROUGE BRINGÉ

BRUN BRINGÉ

LEONBERG

Ce géant affable a failli disparaître complètement pendant la Seconde Guerre mondiale, mais depuis vingt ans il regagne du terrain, à la fois en Allemagne, son pays d'origine, en Grande-Bretagne et en Amérique du Nord. Lorsqu'il participa pour la première fois à une exposition canine, il fut éliminé car on considéra qu'il était issu d'un croisement de plusieurs races. Pourtant, cette caractéristique le définit parfaitement. C'est un nageur remarquable, prêt à plonger dans une eau très froide. Doux et affectueux, il est très aimable avec les enfants, mais, en raison de sa grande taille, il s'adapte mal à la vie citadine.

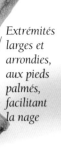

Extrémités larges et arrondies, aux pieds palmés, facilitant la nage

CARTE D'IDENTITÉ

PAYS D'ORIGINE Allemagne
APPARITION DE LA RACE XIXe siècle
FONCTION PREMIÈRE chien de compagnie
FONCTIONS ACTUELLES chien de travail, de compagnie
DURÉE DE VIE 11 ans
AUTRE NOM leonberger
POIDS 34 à 50 kg
HAUTEUR AU GARROT 65 à 80 cm

Yeux bruns au regard affectueux

FAUVE
DORÉ

BRUN-
ROUGE

*Oreilles aussi
larges que longues*

*Pelage dense
et lisse, au
mouvement
souple, qui
n'altère pas
la silhouette*

UN PEU D'HISTOIRE
Ce chien
spectaculaire fut
élaboré pour ressembler
au lion qui figure sur les
armes de la ville allemande
de Leonberg. Il résulte
de croisements entre le terre-
neuve, le landseer (considéré
comme une variété de terre-
neuve en Grande-Bretagne
et en Amérique du Nord),
le saint-bernard et le chien
de montagne des Pyrénées.

*Antérieurs
relativement
écartés, aux
articulations
nettes*

TERRE-NEUVE

Le terre-neuve, chien extrêmement affectueux, était autrefois utilisé dans les pêcheries de morue pour rapporter les filets jusqu'à la grève et pour tirer les bateaux. Aujourd'hui, en France, des terre-neuve sont employés pour assister les équipes de sauvetage en mer. Ils sont entraînés à un travail de trait et au parcours d'obstacles. Le seul travers de ce chien doux et joyeux est son réflexe de sauter dans l'eau pour sauver, malgré eux, tous les baigneurs. Ce compagnon affectueux, loyal et bienveillant a une légère tendance à baver.

Poil dense et plat, quelque peu rêche et huileux

Queue relativement épaisse, recouverte de poils fournis

Extrémités larges et bien dessinées, aux doigts bien palmés

BRUN

NOIR

Petits yeux sombres

Tête large et massive, au museau court, net et carré

UN PEU D'HISTOIRE

Descendant d'un géant aujourd'hui disparu, le greater st john's dog, cet amoureux de l'eau est élevé selon le standard actuel depuis plus d'un siècle. Des chiens ibériques, scandinaves et américains ont contribué à son élaboration.

CARTE D'IDENTITÉ

PAYS D'ORIGINE Canada
APPARITION DE LA RACE XVIIIᵉ siècle
FONCTION PREMIÈRE chien de pêcheur
FONCTIONS ACTUELLES chien de sauvetage, de compagnie
DURÉE DE VIE 11 ans
AUTRE NOM newfoundland
POIDS 50 à 68 kg
HAUTEUR AU GARROT 66 à 71 cm

HOVAWART

Exemple classique de l'élevage enthousiaste mené par les Allemands il y a un siècle, le hovawart témoigne d'une tentative de recréation d'un chien de garde du Moyen Âge. Pour atteindre leur but, un groupe d'éleveurs convaincus utilisèrent des chiens de ferme de la Forêt-Noire, des chiens de montagne allemands, et peut-être le kuvasz, le berger allemand et le terre-neuve. Cet élégant chien de travail fut reconnu officiellement en 1936. Bien que réservé, le hovawart est un agréable compagnon, facile à dresser. Certains individus ont cependant tendance à mordre lorsqu'ils ont peur, d'autres se montrent très timides.

Antérieurs droits et puissants, garnis d'une frange, aux extrémités de taille moyenne

Un peu d'histoire

Le « hofwarth », chien
de garde de grand domaine,
est mentionné pour la première
fois en 1220. Des documents
remontant au XVe siècle
représentent et décrivent
cet animal, poursuivant des
voleurs. Le hovawart actuel
est une recréation menée
au XXe siècle.

Carte d'identité

Pays d'origine Allemagne
Apparition de la race Moyen Âge
et XXe siècle
Fonctions premières chien
de troupeau, de garde
Fonctions actuelles chien
de garde, de compagnie
Durée de vie 12 à 14 ans
Poids 25 à 41 kg
Hauteur au garrot 58 à 70 cm

*Poil long et dense,
au mouvement
souple, recouvrant
un sous-poil aussi
dense*

*Queue fournie,
portée bas*

ROTTWEILER

Doté d'un corps et de mâchoires particulièrement puissants, le rottweiler, qui fut élaboré à Rottweil, peut offrir une protection exceptionnelle. Aujourd'hui ce chien, beau et impressionnant, descendant d'anciens chasseurs de sanglier, connaît une popularité mondiale, comme chien de garde et de compagnie. Il est facile à dresser, se montre doux avec les enfants mais très méfiant envers les étrangers.

CARTE D'IDENTITÉ

PAYS D'ORIGINE Allemagne

APPARITION DE LA RACE années 1820

FONCTIONS PREMIÈRES chien de troupeau, de garde

FONCTIONS ACTUELLES chien policier, de garde, de compagnie

DURÉE DE VIE 11 à 12 ans

POIDS 41 à 50 kg

HAUTEUR AU GARROT 58 à 69 cm

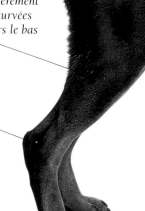

Queue coupée pour des raisons de mode uniquement

Cuisses légèrement incurvées bers le bas

Pattes arrière plus longues que les pattes avant

UN PEU D'HISTOIRE

Le rottweiler a été élaboré au XIXe siècle, comme chien de garde et conducteur de troupeaux.

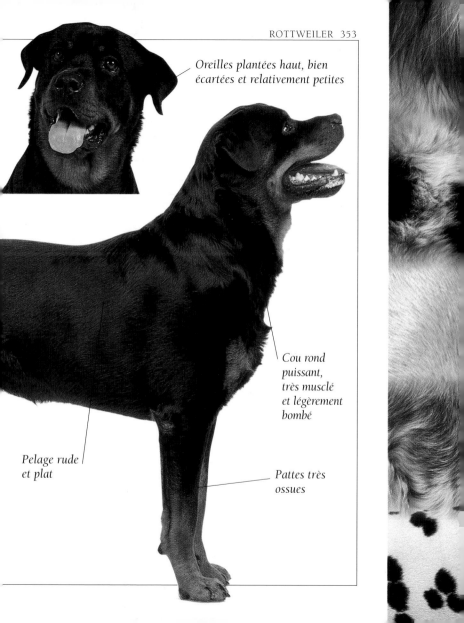

Oreilles plantées haut, bien écartées et relativement petites

Cou rond puissant, très musclé et légèrement bombé

Pelage rude et plat

Pattes très ossues

DOBERMAN

L e doberman, élégant et très souvent affectueux, est un exemple classique des programmes d'élevage sélectif réussis qui furent entrepris en Allemagne il y a un peu plus d'un siècle. Aujourd'hui, cet animal vif, audacieux et courageux, doté de nombreux talents, sert de chien d'assistance et de compagnie dans le monde entier. Certains éleveurs peu rigoureux mettent parfois sur le marché des animaux nerveux et agressifs, mais dans un élevage bien tenu les dobermans sont obéissants, affectueux, et très sociables.

Pelage épais, dur, lisse et brillant

CARTE D'IDENTITÉ

PAYS D'ORIGINE Allemagne

APPARITION DE LA RACE XIXᵉ siècle

FONCTION PREMIÈRE chien de garde

FONCTIONS ACTUELLES chien de garde, de compagnie

DURÉE DE VIE 12 ans

AUTRES NOMS dobermann, doberman pinscher

POIDS 30 à 40 kg

HAUTEUR AU GARROT 65 à 69 cm

UN PEU D'HISTOIRE Au début
des années 1870, cette race
fut créée par Louis Dobermann,
percepteur d'impôts allemand,
à partir du rottweiler, du
pinscher, du braque de Weimar,
du greyhound et du terrier
de Manchester.

*Cou fin et
bien musclé,
conférant
un port
de tête digne
et élégant*

*Poitrine bien
proportionnée,
large et
profonde*

FAUVE

BLEU

BRUN

NOIR

*Extrémités
félines, petites
et bombées,
permettant
une foulée
puissante*

SCHNAUZER MOYEN

L es races de schnauzer géant et de schnauzer nain furent créées à partir de ce spécimen – Albrecht Dürer et Rembrandt ont figuré dans leurs tableaux des chiens de ce type. Cette race ancienne serait issue d'un croisement entre des spitz et des chiens gardiens de troupeaux. Bien qu'il soit aujourd'hui uniquement utilisé comme chien de compagnie, le schnauzer est un chien de garde et un chien de berget excellents. Se laissant dresser facilement, il peut apprendre à rapporter le gibier d'eau, comme celui de terre.

Pelage rude et dense, recouvrant un sous-poil fin et épais

CARTE D'IDENTITÉ

PAYS D'ORIGINE Allemagne

APPARITION DE LA RACE Moyen Âge

FONCTIONS PREMIÈRES ratier, chien de garde

FONCTION ACTUELLE chien de compagnie

DURÉE DE VIE 12 à 14 ans

AUTRE NOM mittelschnauzer

POIDS 14,5 à 15,5 kg

HAUTEUR AU GARROT 45 à 50 cm

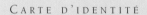

POIVRE ET SEL   NOIR

UN PEU D'HISTOIRE Autrefois ratier et chien de garde, le schnauzer est souvent considéré comme un terrier. Originaire du sud de l'Allemagne et des régions voisines de Suisse et de France, ce chien était jadis appelé schnauzer-pinscher.

Tête allongée et puissante qui s'effile régulièrement des oreilles à la truffe

Oreilles en partie redressées, retombant avec grâce sur les côtés

Museau allongé et longue barbe donnant au chien un aspect original et amusant

Poitrail large et antérieurs bien écartés

SCHNAUZER GÉANT

À une certaine époque, le schnauzer géant était un chien de troupeau très répandu au sud de l'Allemagne, mais l'abondante nourriture qu'il fallait lui fournir lors de périodes de disette nuisait à son attrait. Dans la seconde moitié du XIXᵉ siècle, ce chien connut un regain de popularité en tant que chien de garde, et ensuite en tant que chien policier. Énergique et vigoureux, il a besoin d'exercice et ne répugne pas à utiliser sa force herculéenne pour défendre son territoire ; il s'adapte donc difficilement à la vie citadine.

*Antérieurs robustes
et puissants, pas
trop rapprochés*

POIVRE
ET SEL

NOIR

Barbe longue et rude

CARTE D'IDENTITÉ

PAYS D'ORIGINE Allemagne

APPARITION DE LA RACE Moyen Âge

FONCTION PREMIÈRE gardien de troupeaux

FONCTIONS ACTUELLES chien de garde, de compagnie

DURÉE DE VIE 11 à 12 ans

AUTRE NOM reisenschnauzer

POIDS 32 à 35 kg

HAUTEUR AU GARROT 59 à 70 kg

Corps allongé et large

Cuisses fortes et bien musclées

UN PEU D'HISTOIRE

Ce spécimen, le plus puissant des schnauzers allemands, fut élaboré par l'accroissement de la taille du schnauzer standard. Lorsqu'il fut présenté à une exposition canine, en 1909, à Munich, il fut baptisé schnauzer « ours russe ».

MASTIFF

Le mastiff a contribué
à l'élaboration d'un grand
nombre d'autres races, y
compris celle du bullmastiff. Son
nom provient sans doute de *masty*, mot
anglo-saxon signifiant « puissant ».
Ce chien, devenu rare, est l'un
des plus grands du monde. Doté d'une
puissance exceptionnelle, il a besoin
de beaucoup d'espace et d'une nourriture
abondante. En général aimable, il se
montre très protecteur envers ses maîtres ;
il doit être mené d'une main experte.

CARTE D'IDENTITÉ

PAYS D'ORIGINE Grande-Bretagne

APPARITION DE LA RACE Antiquité

FONCTION PREMIÈRE chien de garde

FONCTIONS ACTUELLES chien
de garde, de compagnie

DURÉE DE VIE 10 à 12 ans

AUTRE NOM dogue anglais

POIDS 79 à 86 kg

HAUTEUR AU GARROT 70 à 76 cm

*Antérieurs droits
et ossus, bien
écartés*

*Extrémités
larges et
arrondies,
aux doigts
bombés ornés
de griffes noires*

UN PEU D'HISTOIRE Le mastiff, qui existait en Grande-Bretagne il y a 2 000 ans, retourna à Rome avec les armées, comme chien militaire et chien de combat. Les routes marchandes lui permirent de se répandre ensuite jusqu'en Asie, puis il traversa l'Oural et atteignit l'Europe du Nord.

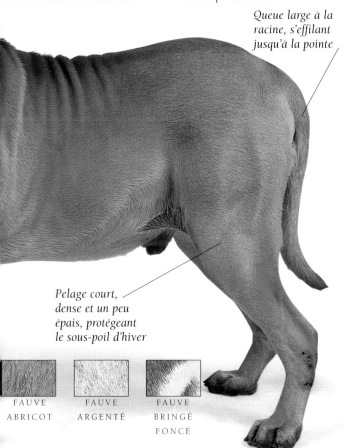

Queue large à la racine, s'effilant jusqu'à la pointe

Pelage court, dense et un peu épais, protégeant le sous-poil d'hiver

FAUVE ABRICOT

FAUVE ARGENTÉ

FAUVE BRINGÉ FONCÉ

DOGUE DE BORDEAUX

Ce chien très ancien, qui ressemble au bullmastiff
récemment élaboré plus qu'au mastiff anglais d'autrefois,
fut utilisé pour la chasse à l'ours ou au sanglier dans le sud de
la France, avant de devenir gardien de troupeaux. En raison
de son caractère intrépide, il fut également employé pour
des combats organisés contre d'autres chiens ou autres
animaux. En 1989, le film *Turner et Hooch,* dans lequel Tom
Hanks est accompagné d'un dogue, rend ce chien populaire à
l'extérieur de l'Hexagone. Doté d'une force
herculéenne, le dogue de Bordeaux se méfie
des étrangers et a tendance à intimider les
personnes qu'il ne connaît pas.

*Queue épaisse et
rase, plantée haut*

CARTE D'IDENTITÉ

PAYS D'ORIGINE France

APPARITION DE LA RACE Antiquité

FONCTIONS PREMIÈRES chien
de chasse, de garde

FONCTIONS ACTUELLES chien
de garde, de compagnie

DURÉE DE VIE 10 à 12 ans

POIDS 36 à 45 kg

HAUTEUR AU GARROT 58 à 69 cm

UN PEU D'HISTOIRE Pendant plusieurs siècles, l'Aquitaine, dont Bordeaux était la capitale, fut dirigée par des rois anglais. Les grands chiens de garde de la région furent vraisemblablement croisés avec des mastiffs anglais et espagnols, ce qui donna naissance au dogue de Bordeaux, autrefois chien féroce.

FAUVE DORÉ

ACAJOU

Arcade sourcilière proéminente surmontant des yeux ovales, bien écartés

Grosse tête ornée de rides donnant un aspect agressif

MÂTIN DE NAPLES

Chien de garde par excellence, ce chien massif fut sauvé de l'oubli il y a moins de cinquante ans. Il bave abondamment mais se montre un compagnon paisible et fidèle, ayant besoin d'être socialisé précocement. Il doit se dépenser régulièrement : cette soif d'espace justifiée par sa taille très imposante en fait un chien peu adapté à la ville. Les mâles pouvant se montrer dominants, ce spécimen ne convient qu'aux maîtres expérimentés.

Oreilles taillées pour des raisons esthétiques

CARTE D'IDENTITÉ

PAYS D'ORIGINE Italie

APPARITION DE LA RACE Antiquité

FONCTIONS PREMIÈRES gardien de troupeaux, chien de combat

FONCTIONS ACTUELLES chien de garde, de compagnie

DURÉE DE VIE 10 à 11 ans

AUTRE NOM mastino napoletano

POIDS 50 à 68 kg

HAUTEUR AU GARROT 65 à 75 cm

GRIS

BRUN

ROUGE BRINGÉ

NOIR BRINGÉ

BLEU

NOIR

UN PEU D'HISTOIRE Présent en Campanie, au centre de l'Italie, depuis longtemps ce chien ne participa à des expositions qu'en 1947. Il descend probablement de mastiffs de combat romains : ceux-ci atteignirent Rome *via* la Grèce, où ils avaient été transportés par Alexandre le Grand.

Lèvre supérieure lourde et tombante

Pelage dense, fin et lisse

Poitrine profonde aux muscles développés

Muscles des cuisses longs et épais

DOGUE DU TIBET

Ce chien qui protégeait autrefois les troupeaux au Tibet, dans les montagnes de l'Himalaya, est désormais élevé en Europe et présenté dans les expositions canines. Encore peu connu, il existe cependant dans tous les pays d'Europe. Massif, doté d'une ossature puissante et d'une tête volumineuse, il a contribué à l'élaboration de chiens de montagne, de troupeau et de combat en Europe, en Amérique et au Japon. Il est docile et très fidèle.

UN PEU D'HISTOIRE Sauvé de l'extinction par des éleveurs britanniques au XIXe siècle, le dogue du Tibet était autrefois utilisé comme chien de troupeau et chien de garde, apprécié à la fois pour son courage et sa taille impressionnante.

Tête grande et large,
ornée de poils doux
sur le museau

CARTE D'IDENTITÉ

PAYS D'ORIGINE Tibet

APPARITION DE LA RACE Antiquité

FONCTION PREMIÈRE gardien
de troupeaux

FONCTIONS ACTUELLES chien
de garde, de compagnie

DURÉE DE VIE 11 ans

AUTRE NOM tibetan mastiff

POIDS 64 à 82 kg

HAUTEUR AU GARROT 61 à 71 cm

GRIS

DORÉ

NOIR

BRUN

NOIR ET
FEU

Pattes
ossues

Pelage long et raide,
recouvrant un sous-
poil épais et fourni

BULLDOG

L e bulldog s'est radicalement transformé au fil des siècles ; il a changé d'aspect, de fonction et de caractère. Au XVIIᵉ siècle, le mot « bulldog » désignait une race se situant entre les mastiffs utilisés pour des combats organisés contre des ours et les terriers chasseurs. Puissant et déterminé, le bulldog combattait aussi les taureaux, ne lâchant pas sa proie lorsqu'il l'avait mordue, indifférent aux blessures dont il pouvait souffrir. Le spécimen actuel, doux, calme, affectueux et silencieux, élaboré uniquement pour les expositions canines, est un compagnon délicieux, très patient avec les enfants.

CARTE D'IDENTITÉ

PAYS D'ORIGINE Grande-Bretagne

APPARITION DE LA RACE XIXᵉ siècle

FONCTION PREMIÈRE combats contre des taureaux

FONCTION ACTUELLE chien de compagnie

DURÉE DE VIE 9 à 11 ans

AUTRE NOM english bulldog

POIDS 23 à 25 kg

HAUTEUR AU GARROT 31 à 36 cm

UN PEU D'HISTOIRE

Dans les années 1830, lorsque le *bull baiting*, combats organisé de taureaux, devint illégal en Grande-Bretagne, ce chien féroce et tenace faillit disparaître. Un éleveur, Bill George, élabora peu à peu le bulldog actuel, moins agressif que son ancêtre.

Le nez est très proche des yeux

La lèvre supérieure pend au-dessous de la mâchoire inférieure

Antérieurs solides et musclés, bien écartés

COULEURS VARIÉES

Extrémités couvertes d'une peau épaisse, légèrement tournées vers l'extérieur

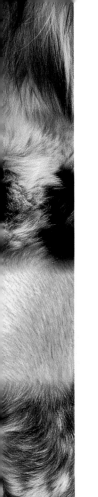

BULLMASTIFF

En théorie, le bullmastiff devrait être le chien de garde le plus apprécié du monde. Son endurance, sa force et sa vitesse furent développées afin qu'il puisse capturer des intrus sans les mutiler ni les tuer. Ce spécimen s'est répandu dans tous les continents, sans atteindre la popularité de son équivalent allemand, le rottweiler. Superbe et puissant, il se montre parfois têtu, rétif au dressage et un peu trop protecteur envers sa famille humaine.

CARTE D'IDENTITÉ

PAYS D'ORIGINE Grande-Bretagne

APPARITION DE LA RACE XIXe siècle

FONCTION PREMIÈRE chien de garde

FONCTIONS ACTUELLES chien de garde, de compagnie

DURÉE DE VIE 10 à 12 ans

POIDS 41 à 59 kg

HAUTEUR AU GARROT 64 à 69 cm

Cou épais et musclé qui se fond harmonieusement dans la poitrine

Antérieurs puissants, épais et droits

Extrémités félines, larges et compactes, aux doigts arrondis

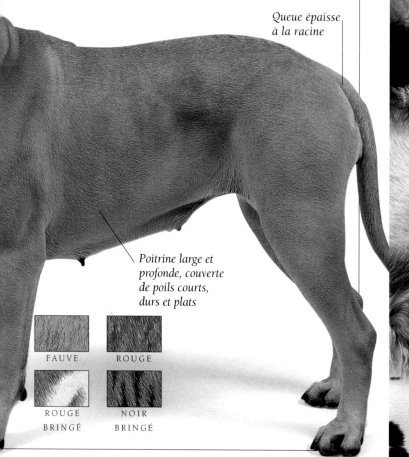

UN PEU D'HISTOIRE
Les animaux utilisés pour l'élaboration de ce chien remarquable furent 60 % de mastiffs et 40 % de bulldogs.

Ce spécimen fut créé à l'origine comme chien de garde-chasse, destiné à immobiliser les braconniers dans les grands domaines.

Queue épaisse à la racine

Poitrine large et profonde, couverte de poils courts, durs et plats

FAUVE

ROUGE

ROUGE BRINGÉ

NOIR BRINGÉ

BOXER

Exubérant et intrépide, le boxer est l'une des réussites spectaculaires des éleveurs allemands, qui entreprirent, il y a un siècle, de « concevoir » des chiens de grande qualité. Aujourd'hui, bien que la taille de ce chien varie selon les pays, son tempérament reste le même : le boxer est vigoureux, actif, entreprenant, très joueur et doux comme un agneau avec les enfants. Il a cependant besoin d'être mené d'une main ferme car son comportement de jeune chien fou, sa vitesse de réaction surprenante et son corps puissant peuvent parfois provoquer des incidents regrettables. Son aspect impressionnant en fait un excellent chien de garde.

Pelage court, lisse et brillant, couvrant une poitrine impressionnante qui descend jusqu'au niveau des coudes

Extrémités larges et compactes, aux doigts solides

FAUVE

NOIR
BRINGÉ

CARTE D'IDENTITÉ

PAYS D'ORIGINE Allemagne

APPARITION DE LA RACE années 1850

FONCTIONS PREMIÈRES chien
de combats de taureaux, de garde

FONCTION ACTUELLE chien
de compagnie

DURÉE DE VIE 12 ans

POIDS 25 à 32 kg

HAUTEUR AU GARROT 53 à 63 cm

*Bassin très
muscolé offrant
une grande
amplitude
de mouvements
et une foulée
élégante*

*Cuisses
allongées
et larges,
incurvées
et très
puissantes*

UN PEU D'HISTOIRE
L'ancien bullenbeisser,
ancêtre du boxer,
fut utilisé en
Allemagne et aux
Pays-Bas pour la
chasse au sanglier et
au daim. Le boxer
actuel fut élaboré
en croisant des
danzingers et
des brabanter
bullenbeissers avec
d'autres races
bavaroises
et étrangères.

DOGUE ALLEMAND

Très digne et néanmoins démonstratif, le dogue allemand est le chien national d'Allemagne. Il remonte vraisemblablement aux chiens introduits en Europe par une tribu scythe originaire de l'actuelle Asie centrale. Ces mastiffs de combat furent sans doute croisés avec des greyhounds pour produire le chien actuel, élégant et original. Très sociable et affectueux, ce gardien efficace se plaît dans un environnement domestique, bien qu'il ait besoin de beaucoup d'exercice.

Queue longue et effilée, dont l'extrémité peut facilement être abîmée

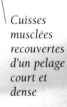

CARTE D'IDENTITÉ

PAYS D'ORIGINE Allemagne
APPARITION DE LA RACE Moyen Âge et XIXᵉ siècle
FONCTIONS PREMIÈRES chasseur de gros gibier, chien de guerre
FONCTIONS ACTUELLES chien de garde, de compagnie
DURÉE DE VIE 10 ans
AUTRES NOMS danois, deutsche dogge
POIDS 46 à 54 kg
HAUTEUR AU GARROT 71 à 76 cm

Cuisses musclées recouvertes d'un pelage court et dense

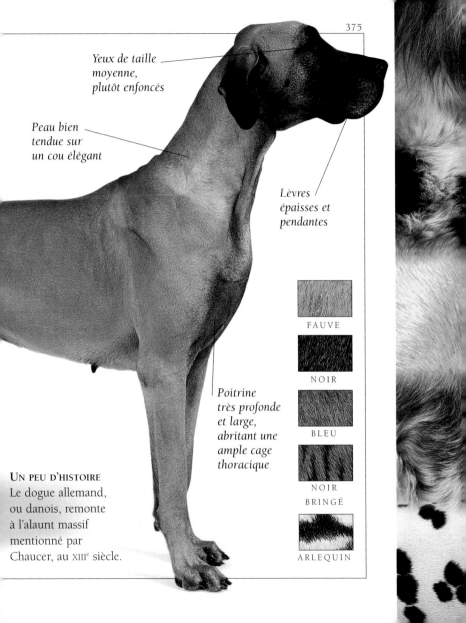

Yeux de taille moyenne, plutôt enfoncés

Peau bien tendue sur un cou élégant

Lèvres épaisses et pendantes

FAUVE

NOIR

BLEU

NOIR BRINGÉ

ARLEQUIN

Poitrine très profonde et large, abritant une ample cage thoracique

UN PEU D'HISTOIRE
Le dogue allemand, ou danois, remonte à l'alaunt massif mentionné par Chaucer, au XIIIᵉ siècle.

SHAR PEÏ

L'aspect du shar peï est unique. Les critères chinois le décrivent avec éloquence : oreilles en forme de coquillage, nez en forme de papillon, tête en forme de melon, face de grand-mère, cou de buffle, croupe de cheval et pattes de dragon. Le premier shar peï exporté de Hong Kong et élevé aux États-Unis souffrait de problèmes oculaires. Des élevages rigoureux ont depuis atténué ce problème, sans toutefois pouvoir réduire les gros problèmes cutanés dus à sa peau ridée. Le shar peï possède de grandes facultés d'adaptation. Paisible et affectueux, il se montre très protecteur avec les enfants, et peut mener une vie citadine s'il fait de l'exercice quotidiennement. Il peut parfois être agressif.

CARTE D'IDENTITÉ

PAYS D'ORIGINE Chine

APPARITION DE LA RACE XVIᵉ siècle

FONCTIONS PREMIÈRES chien de combat, de troupeau

FONCTION ACTUELLE chien de compagnie

DURÉE DE VIE 11 à 12 ans

POIDS 16 à 20 kg

HAUTEUR AU GARROT 46 à 51 cm

*Tête
volumineuse,
par rapport
à la taille
du corps*

*Museau étoffé,
présentant
un renflement
à la base
de la truffe*

UN PEU D'HISTOIRE Le shar
peï, qui résida longtemps
au sud de la Chine, est sans
doute le descendant de
mastiffs et de chiens de type
spitz. Étroitement apparenté
au chow-chow, il fut
presque éliminé à cause
d'une loi taxant lourdement
la possession de chiens de
luxe sur le continent chinois.
Cette race fut sauvée par
une éleveuse de Hong Kong.

CRÈME

FAUVE

ROUGE

NOIR

CHIENS DE COMPAGNIE

Tous les chiens peuvent se révéler d'excellents compagnons – nombre d'entre eux savent même donner à la famille qui les adopte le sentiment qu'ils lui appartiennent. Au sein de presque toutes les cultures, les êtres humains partagent leur vie avec des animaux domestiques.

Shih-tzu

PRÉCURSEURS MINIATURES

Le nanisme se produisait chez les chiens primitifs. Les individus nains furent les précurseurs des teckels et des bassets d'aujourd'hui. La miniaturisation, au cours de laquelle tous les os, réduits, gardent cependant leurs proportions, survenait aussi, parfois même associée au nanisme. Le pékinois est le spécimen le plus ancien des chiens de compagnie ; il est probablement apparenté au shih-tzu et à de petits chiens de travail tels que le lhassa apso, le terrier tibétain et l'épagneul tibétain, tous gardiens de territoires ou de troupeaux. Dans la Chine ancienne, de petits chiens, objets de luxe, étaient aussi utilisés pour chauffer les lits. Aujourd'hui, les chiens d'agrément de taille très réduite connaissent une popularité croissante.

COMPAGNONS TRÈS APPRÉCIÉS

Au Japon, le tchin devint le compagnon favori des aristocrates, à l'instar du pékinois en Chine et de l'épagneul nain (ultérieurement baptisé king charles) en Angleterre. Les bichons tinrent le même rôle dans toute l'Europe. Des nobles français, espagnols, portugais, italiens et allemands, sont représentés dans des tableaux avec des ancêtres du petit chien lion, du bichon maltais, du bichon frisé et du bichon polonais. Le coton de Tuléar accompagna les épouses des administrateurs français de Madagascar, tandis que le bichon havanais devint le chien favori de riches Italiens qui l'importèrent

en Argentine et ensuite à Cuba.
Aujourd'hui, le chihuahua est un
chaleureux compagnon et un bon
gardien, tandis que le carlin et
le bouledogue restent des versions
miniaturisées de chiens de travail.
C'est également le cas des petits
caniches, qui, bien qu'ils soient
uniquement élevés comme chiens
d'agrément, ont gardé l'aptitude
au dressage du caniche standard.
D'une taille plus élevée, le dalmatien,
dont les ancêtres sont des chiens
courants, est uniquement sélectionné
en faveur de son aspect tacheté. Il a
perdu son instinct de pisteur mais
son tempérament exubérant en fait un
compagnon très inventif et stimulant.

Chihuahua (à poil long)

NOUVEAUX CROISEMENTS
En Amérique du Nord et aux Pays-
Bas, de petits caniches, croisés avec
d'autres races, ont produit des chiens
de compagnie qui pourraient être
bientôt considérés comme des
représentants de races nouvelles.
En Australie, le caniche standard
croisé avec le labrador, est baptisé
labradoodle. Certains chiens issus
de ces croisements, dont le pelage
ne mue pas, servent de guides pour
les aveugles allergiques au poil de
chien. Le croisement du bull-terrier
du Staffordshire et du boxer donne
de beaux chiens rudes, tandis
que celui du bichon frisé avec le
yorkshire engendre des compagnons
merveilleux. De nouveaux chiens
miniatures ont également été créés,
tels que le shar peï, bien que
certains de ces spécimens
nouveaux appartiennent à
des races anciennes, non encore
reconnues par les clubs.

Bichon frisé

BICHON FRISÉ

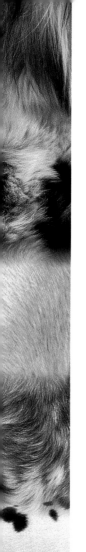

Beau, joyeux, drôle et très vif, le bichon est devenu populaire depuis la fin des années 1970. Chien de compagnie par excellence, il se révèle également courageux et endurant ; en Norvège, des fermiers ont récemment découvert qu'il pouvait être utilisé pour rassembler les moutons. Ce petit animal a besoin d'être entretenu régulièrement. Ses dents et ses gencives doivent faire l'objet d'une attention particulière car elles s'entartrent facilement, ce qui entraîne des gingivites. Le bichon, contrairement à de nombreuses races à poil blanc, souffre peu de maladies de peau.

Poils de la queue retombant sur le dos avec légèreté

CARTE D'IDENTITÉ

PAYS D'ORIGINE pays méditerranéens

APPARITION DE LA RACE Moyen Âge

FONCTION PREMIÈRE chien de compagnie

FONCTION ACTUELLE chien de compagnie

DURÉE DE VIE 14 ans

AUTRE NOM ténériffe

POIDS 3 à 6 kg

HAUTEUR AU GARROT 23 à 30 cm

UN PEU D'HISTOIRE

Les origines exactes du bichon à poil frisé restent inconnues. Au XIVe siècle, les marins avaient déjà introduit ce spécimen dans l'île de Ténériffe, et au XVe il était devenu favori des rois.

Truffe noire et
luisante, rose
à la naissance

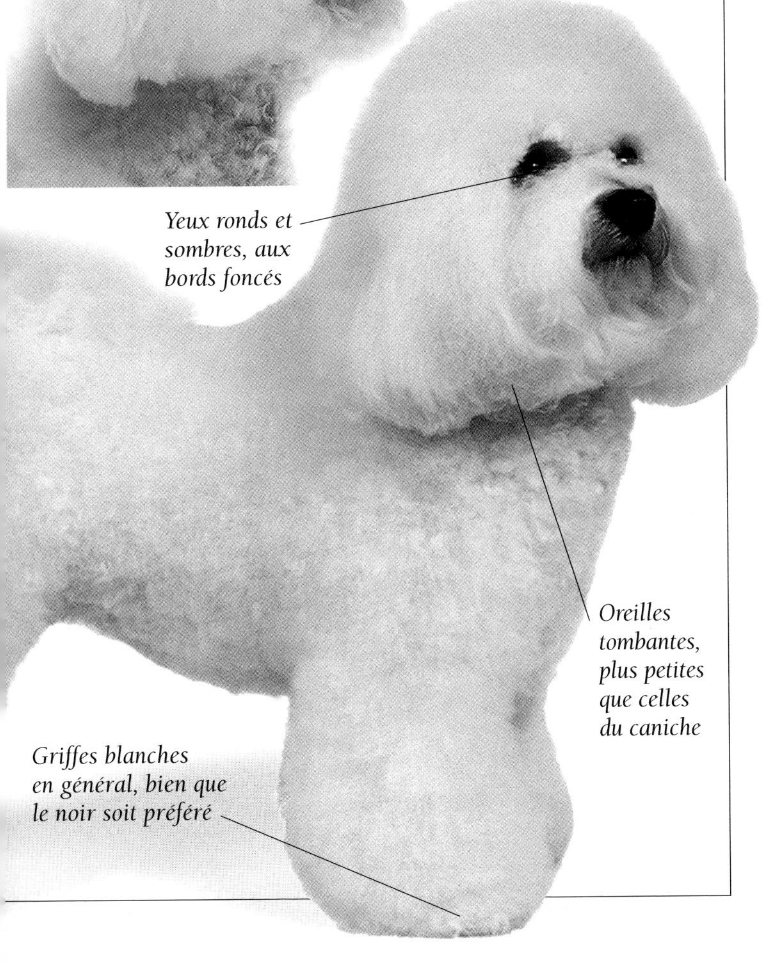

Yeux ronds et
sombres, aux
bords foncés

Oreilles
tombantes,
plus petites
que celles
du caniche

Griffes blanches
en général, bien que
le noir soit préféré

BICHON MALTAIS

Autrefois baptisé terrier maltais, ce chien doux, parfois très sensible, de tempérament égal, ne perd jamais ses poils. Sa robe, longue et très fournie, peut former des nœuds, en particulier autour de huit mois, lorsque le « duvet » est remplacé par le pelage adulte. Un brossage quotidien est donc essentiel. Aimant les enfants, le maltais adore se dépenser, mais sait s'adapter, s'il le faut, à une vie relativement sédentaire.

Poils longs et abondants,
entraînant la queue sur le côté

CARTE D'IDENTITÉ

PAYS D'ORIGINE pays méditerranéens

APPARITION DE LA RACE Antiquité

FONCTION PREMIÈRE chien de compagnie

FONCTION ACTUELLE chien de compagnie

DURÉE DE VIE 14 à 15 ans

AUTRE NOM maltais

POIDS 2 à 3 kg

HAUTEUR AU GARROT 20 à 25 cm

UN PEU D'HISTOIRE Le « melita » fut introduit à Malte par des marchands phéniciens il y a plus de 2 000 ans. Le spécimen actuel résulte du croisement d'épagneuls nains avec le caniche nain.

Grand yeux arrondis et sombres

Robe lourde et brillante

BICHON BOLONAIS

Le bolonais, qui ressemble beaucoup au maltais, fut lui aussi un chien d'agrément au sein des familles nobles de l'Italie de la Renaissance. Devenu rare aujourd'hui, même dans son pays d'origine ce spécimen affectueux se révèle un peu plus réservé et timide que le bichon frisé, qui bénéficie d'une grande popularité. Sa robe blanche cotonneuse lui permet de s'adapter aux climats chauds. Aimant la compagnie des humains, il tisse avec son maître des liens étroits.

CARTE D'IDENTITÉ

PAYS D'ORIGINE Italie

APPARITION DE LA RACE Moyen Âge

FONCTION PREMIÈRE chien de compagnie

FONCTION ACTUELLE chien de compagnie

DURÉE DE VIE 14 à 15 ans

AUTRE NOM bolonais

POIDS 3 à 4 kg

HAUTEUR AU GARROT 25 à 31 cm

Extrémités petites, aux griffes roses ou noires

UN PEU D'HISTOIRE Bien que le bolonais tienne son nom de Bologne, ville du nord de l'Italie, il n'est pas impossible que ce chien descende en réalité de bichons de l'Italie du Sud. Son existence remonte au moins au XIIIe siècle.

Poils tombant en touffes

Queue basse au repos, s'incurvant lorsque l'animal est en état d'alerte

Pattes recouvertes de longs poils ; robe dépourvue de sous-poil

BICHON HAVANAIS

L es révolutions profitent rarement aux chiens, les nouveaux régimes considérant en général les animaux de race pure comme des symboles du régime précédent. À la suite des révolutions française, russe et cubaine, les chiens préférés des classes renversées furent éliminés, activement ou passivement. Le havanais se fait ainsi aujourd'hui rare à Cuba, alors qu'il connaît une recrudescence de popularité aux États-Unis. Parfois timide, toujours doux et attentif, c'est un vrai chien de compagnie, qui s'attache énormément à sa famille humaine.

CARTE D'IDENTITÉ

PAYS D'ORIGINE pays méditerranéens et Cuba

APPARITION DE LA RACE XVIIIᵉ ou XIXᵉ siècle

FONCTION PREMIÈRE chien de compagnie

FONCTION ACTUELLE chien de compagnie

DURÉE DE VIE 14 à 15 ans

AUTRE NOM havanais

POIDS 3 à 6 kg

HAUTEUR AU GARROT 20 à 28 cm

Grands yeux noirs recouverts par les poils

Pattes droites, aux doigts fins

UN PEU D'HISTOIRE Le havanais provient d'un croisement de bolonais avec de petits caniches ou avec des maltais.

CRÈME

ARGENTÉ

DORÉ

BLEU

NOIR

Oreilles plutôt pointues, couvertes de poils denses retombant avec un pli léger

Robe fournie, ondulée ou frisée

COTON DE TULÉAR

Durant des siècles, le coton de Tuléar fut l'un des compagnons favoris des riches résidents de Tuléar, région de la côte sud-ouest de Madagascar. Un chien d'origine similaire fut très populaire sur l'île de la Réunion, mais la race a aujourd'hui disparu. Le coton, bichon typique (petit, de couleur claire), possède une robe longue et duveteuse qui nécessite un brossage quotidien ; au contraire des bichons européens, il présente parfois des taches jaunes ou noires. Vif, doux et affectueux, il est très apprécié aux États-Unis.

CARTE D'IDENTITÉ

PAYS D'ORIGINE Madagascar et France

APPARITION DE LA RACE XVIIᵉ siècle

FONCTION PREMIÈRE chien de compagnie

FONCTION ACTUELLE chien de compagnie

DURÉE DE VIE 12 à 14 ans

POIDS 5,5 à 7 kg

HAUTEUR AU GARROT 25 à 30 cm

UN PEU D'HISTOIRE Apparenté aux bichons français et aux bolonais, le coton arriva probablement à Madagascar avec les troupes ou les administrateurs français. Il resta pratiquement inconnu jusqu'à son introduction en Europe et en Amérique, au cours des vingt dernières années.

BLANC

NOIR ET BLANC

Robe longue, dépourvue de sous-poil

Pattes minces et peu musclées recouvertes de poils duveteux

PETIT CHIEN LION

Goya fut le premier peintre à représenter ce petit animal qui figure dans nombre de tableaux. Sa coupe « lion » lui donne un aspect faussement fragile, quelque peu dénué de dignité. Pourtant, ce chien de compagnie fort agréable sait se montrer coriace, arrogant et très bon gardien – les mâles n'hésitent pas à affronter des congénères plus grands pour affirmer leur dominance. Comme pour les caniches, la tonte n'est indispensable que pour les concours.

CARTE D'IDENTITÉ

PAYS D'ORIGINE France

APPARITION DE LA RACE XVIIᵉ siècle

FONCTION PREMIÈRE chien de compagnie

FONCTION ACTUELLE chien de compagnie

DURÉE DE VIE 12 à 14 ans

AUTRE NOM löwchen

POIDS 4 à 8 kg

HAUTEUR AU GARROT 25 à 33 cm

Extrémités petites et félines

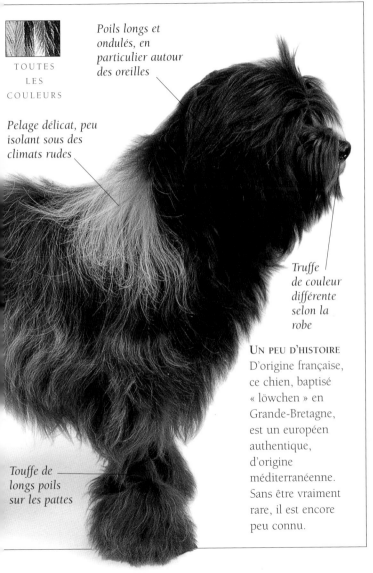

TOUTES
LES
COULEURS

Poils longs et
ondulés, en
particulier autour
des oreilles

Pelage délicat, peu
isolant sous des
climats rudes

Truffe
de couleur
différente
selon la
robe

Touffe de
longs poils
sur les pattes

UN PEU D'HISTOIRE
D'origine française,
ce chien, baptisé
« löwchen » en
Grande-Bretagne,
est un européen
authentique,
d'origine
méditerranéenne.
Sans être vraiment
rare, il est encore
peu connu.

LHASSA APSO

Les Tibétains ont opéré une sélection au sein de cette race pour en accentuer les traits de caractère. Le lhassa apso doit son nom à la couleur de sa robe, évoquant celle de l'« apso », chèvre du Tibet. Autrefois utilisé comme chien de garde, il aboyait de façon agressive dès qu'il percevait le moindre bruit grâce à son ouïe particulièrement fine. Introduit en Occident en 1921, il fut d'abord confondu avec le terrier tibétain ou le shih-tzu, jusqu'en 1934, date à laquelle les trois races furent reconnues séparément.

Petite truffe noire

CARTE D'IDENTITÉ

PAYS D'ORIGINE Tibet

APPARITION DE LA RACE Antiquité

FONCTION PREMIÈRE chien de monastère

FONCTION ACTUELLE chien de compagnie

DURÉE DE VIE 13 à 14 ans

AUTRE NOM apso seng kyi

POIDS 6 à 7 kg

HAUTEUR AU GARROT 25 à 28 cm

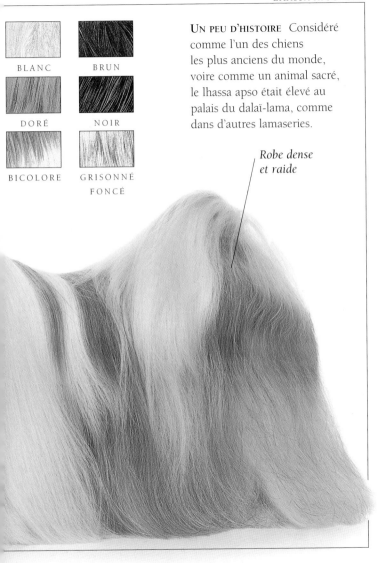

BLANC

BRUN

DORÉ

NOIR

BICOLORE

GRISONNÉ
FONCÉ

UN PEU D'HISTOIRE Considéré
comme l'un des chiens
les plus anciens du monde,
voire comme un animal sacré,
le lhassa apso était élevé au
palais du dalaï-lama, comme
dans d'autres lamaseries.

*Robe dense
et raide*

SHIH-TZU

D'aspect très similaire à celui du lhassa apso, le shih-tzu n'a cependant ni la même origine ni le même tempérament. Avant la révolution chinoise, le standard de la race était ainsi décrit à Pékin : « Tête de lion, torse d'ours, pied de chameau, queue en plumeau, oreilles en feuille de palmier, dents en grain de riz, langue nacrée et mouvements de poisson rouge. » Plus affectueux et plus joueur que ses homologues tibétains, le shih-tzu connaît une popularité mondiale. Les poils de l'arête du nez, qui poussent vers le haut, sont souvent attachés sur le dessus de la tête.

CARTE D'IDENTITÉ

PAYS D'ORIGINE Chine

APPARITION DE LA RACE XVIIe siècle

FONCTION PREMIÈRE chien de cour

FONCTION ACTUELLE chien de compagnie

DURÉE DE VIE 13 à 14 ans

AUTRE NOM chien chrysanthème

POIDS 5 à 7 kg

HAUTEUR AU GARROT 25 à 27 cm

UN PEU D'HISTOIRE Bien que le shih-tzu ait été élevé auprès des empereurs de Chine, il résulte sans conteste d'un croisement entre des chiens tibétains et des ancêtres de l'actuel pékinois.

Queue naturellement bouclée

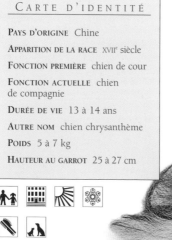

TOUTES LES COULEURS

Sur l'arête du nez, le poils poussent vers le haut

Truffe noire, entourée d'une moustache caractéristique

Robe dense et longue

PÉKINOIS

S elon les règles établies par l'impératrice douairière de
Chine, Tz'u-Hsi, le pékinois devait posséder des membres
courts et arqués afin de ne pas pouvoir s'éloigner, une
collerette destinée à lui conférer une incontestable dignité,
et des papilles gustatives délicates, preuve de son raffinement.
L'impératrice omit de mentionner d'autres caractéristiques
frappantes de ce petit animal, têtu
comme une mule, lent
comme un escargot,
et très hautain. Selon
la légende, ce chien,
issu de l'union
d'un lion et d'une
guenon, aurait
hérité de la
noblesse de l'un
et de la grâce
de l'autre.

Museau
considérablement
aplati

Abondante
collerette
de longs poils
rudes

UN PEU D'HISTOIRE Autrefois propriété exclusive de la cour impériale chinoise, le pékinois fut vénéré par les moines bouddhistes. Quatre spécimens furent introduits en Occident en 1860, après la chute de Pékin.

Robe double très épaisse, dissimulant les pattes antérieures arquées

CARTE D'IDENTITÉ

PAYS D'ORIGINE Chine

APPARITION DE LA RACE Antiquité

FONCTION PREMIÈRE chien de cour

FONCTION ACTUELLE chien de compagnie

DURÉE DE VIE 12 à 13 ans

AUTRE NOM épagneul pékinois

POIDS 3 à 6 kg

HAUTEUR AU GARROT 15 à 23 cm

TOUTES
LES
COULEURS

TCHIN

Les éleveurs britanniques croisèrent probablement ces chiens avec leurs propres épagneuls nains, ce qui explique la ressemblance frappante entre le tchin et le king charles actuels. À l'instar des autres races à museau aplati, cet animal japonais peut souffrir de troubles cardiaques ou respiratoires. Animal de compagnie des femmes de la haute société au Japon, le tchin devint, en Europe et en Amérique, un chien de luxe.

CARTE D'IDENTITÉ

PAYS D'ORIGINE Japon

APPARITION DE LA RACE Moyen Âge

FONCTION PREMIÈRE chien de compagnie

FONCTION ACTUELLE chien de compagnie

DURÉE DE VIE 12 ans

AUTRE NOM épagneul japonais

POIDS 2 à 5 kg

HAUTEUR AU GARROT 23 à 25 cm

Petites oreilles en forme de « V », portées légèrement en avant

NOIR ET
BLANC

ROUGE ET
BLANC

UN PEU D'HISTOIRE Il était interdit de sortir ce chien du Japon et son vol était puni de mort. Probablement issu de l'épagneul tibétain, le tchin fut introduit en Europe au XVIIᵉ siècle, sous forme d'un présent offert par des navigateurs portugais à la princesse Catherine de Bragance.

Tête large ornée d'un museau court, bien dessiné

Robe longue et raide

ÉPAGNEUL TIBÉTAIN

D'épagneul, il ne possède que le nom ;
en effet, l'épagneul tibétain ne
participa jamais à une chasse. Selon
la légende, dressé à faire tourner
le moulin de prières des moines
tibétains, il était considéré
comme « chien de prière ».
D'une anatomie similaire à celle
du pékinois, mais plus haut sur
pattes et doté d'un museau plus
proéminent, ce petit animal,
indépendant et plein d'assurance,
se montre un agréable chien
de compagnie.

CARTE D'IDENTITÉ

PAYS D'ORIGINE Tibet

APPARITION DE LA RACE Antiquité

FONCTION PREMIÈRE chien
de monastère

FONCTION ACTUELLE chien
de compagnie

DURÉE DE VIE 13 à 14 ans

POIDS 4 à 7 kg

HAUTEUR AU GARROT 24,5 à 25,5 cm

TOUTES
LES
COULEURS

Oreilles pendantes
plantées haut et
frangées de poils

Museau orné d'une
truffe noire

Pattes
courtes
et solides

**UN PEU
D'HISTOIRE** Dans la
région de l'actuelle
Corée, des chiens de
ce type existaient déjà au
VIIIe siècle. On ne sait s'ils
provenaient de la Chine
ou du Tibet. L'épagneul
tibétain pourrait être
un ancêtre du tchin.

TERRIER TIBÉTAIN

L e terrier tibétain n'est pas un terrier véritable – il ne fut jamais créé pour explorer les galeries souterraines. À l'origine, il fut élevé par les moines qui appréciaient sa compagnie et ses qualités de gardien, fervent aboyeur. Introduit en Occident par un médecin britannique vers 1930, ce chien de compagnie affectueux se laisse dresser et requiert peu d'exercice ; il donne volontiers de la voix à la moindre provocation et se montre méfiant envers les étrangers.

CARTE D'IDENTITÉ

PAYS D'ORIGINE Tibet

APPARITION DE LA RACE Moyen Âge

FONCTION PREMIÈRE chien de garde

FONCTION ACTUELLE chien de compagnie

DURÉE DE VIE 13 à 14 ans

AUTRE NOM dhoki apso

POIDS 8 à 14 kg

HAUTEUR AU GARROT 36 à 41 cm

Extrémités larges, dissimulées par les poils

UN PEU D'HISTOIRE Ce chien, que les moines bouddhistes offraient, dit-on, aux tribus nomades en guise de porte-bonheur, ne connut jamais la popularité de son parent proche, le lhassa apso.

Tête étroite recouverte de poils abondants

COULEURS
VARIÉES

Corps compact et puissant

CHIEN NU CHINOIS

Les similarités de conformation entre ce spécimen et les chiens nus africains suggèrent que ces deux races pourraient avoir une lointaine parenté. En général, les chiens nus ne se reproduisent pas très facilement – ils présentent fréquemment des anomalies de dents et de doigts. On procède alors à un double croisement : deux spécimens nus produisant fréquemment des chiens poilus, un second croisement entre ces derniers, moins fragiles, et des individus nus assure la continuité de la race. Vif et affectueux, le chien nu chinois se révèle un agréable compagnon, qu'il faut penser à protéger à la fois de la chaleur et du froid.

CHIOT POILU

Bien que le corps soit nu, la queue et les oreilles s'ornent de poils longs

Jabot abondant, bien isolant

Extrémités presque félines, couvertes de poils de longueur moyenne

UN PEU D'HISTOIRE Bien que les Chinois soient considérés comme les maîtres de la domestication d'animaux, on ne sait pas vraiment si ce chien nu provient de Chine. Selon certaines thèses, il serait issu d'Afrique et aurait été introduit en Asie et en Amérique par des marchands.

CHIEN NU

COULEURS
VARIÉES

Tête triangulaire, très similaire à celle du terrier du Yorkshire

Structure fine et élégante

Peau unie ou tachetée, plus claire en été

CARTE D'IDENTITÉ

PAYS D'ORIGINE Chine et Afrique

APPARITION DE LA RACE Antiquité

FONCTION PREMIÈRE chien de compagnie

FONCTION ACTUELLE chien de compagnie

DURÉE DE VIE 12 à 13 ans

AUTRE NOM chien chinois à crête

POIDS 2 à 5,5 kg

HAUTEUR AU GARROT 23 à 33 cm

CARLIN

Les maîtres de carlins restent souvent fidèles à cette race. Querelleur, individualiste, coriace et têtu, ce petit chien se révèle également très indépendant et déterminé : il sait ce qu'il veut et n'en démord pas.

Son corps compact et musclé, son museau plat et son regard fixe lui confèrent présence et caractère, mais il fait rarement preuve d'agressivité. Fidèle et affectueux, c'est un délicieux chien de compagnie.

ARGENTÉ

ABRICOT
OU FAUVE

NOIR

Pattes droites et solides

Un peu d'histoire Des mastiffs d'Extrême-Orient furent miniaturisés il y a au moins 2 400 ans. Ces ancêtres du carlin, autrefois compagnons de moines bouddhistes, furent introduits en Hollande au XVIᵉ siècle par la Compagnie des Indes hollandaise, et devinrent les compagnons des rois et de leur cour.

CARTE D'IDENTITÉ

Pays d'origine Chine

Apparition de la race Antiquité

Fonction première chien de compagnie

Fonction actuelle chien de compagnie

Durée de vie 13 à 15 ans

Autre nom mops

Poids 6 à 8 kg

Hauteur au garrot 25 à 28 cm

Queue étroitement enroulée

Oreilles attachées haut, de petite taille, fines et soyeuses

Robe courte, lisse et lustrée

KING CHARLES

S i l'on en croit Samuel Pepys ou d'autres mémorialistes britanniques, le roi Charles II consacrait plus de temps à ses chiens qu'aux affaires du royaume. Ses animaux étaient plus grands et avaient le museau plus allongé que les spécimens actuels, mais, au fil des changements de mode, le museau fut progressivement aplati. Il n'est pas impossible que des croisements aient été effectués avec des tchins. D'une affection débordante, ce petit citadin se révèle un délicieux compagnon.

CARTE D'IDENTITÉ

PAYS D'ORIGINE Grande-Bretagne

APPARITION DE LA RACE XVIIᵉ siècle

FONCTION PREMIÈRE chien de compagnie

FONCTION ACTUELLE chien de compagnie

DURÉE DE VIE 12 ans

AUTRE NOM épagneul king charles

POIDS 4 à 6 kg

HAUTEUR AU GARROT 25 à 27 cm

Robe longue et soyeuse, raide, droite ou ondulée

BLENHEIM

TRICOLORE

NOIR ET
FEU

ROUGE ET
FEU

*Oreilles plantées
bas, retombant
sur les joues*

**UN PEU
D'HISTOIRE** Au
XVIIᵉ siècle, un
élevage sélectif produisit
un épagneul miniature (toy),
ultérieurement baptisé king
charles II (roi Charles II), en
hommage à l'un de ses plus
fervents admirateurs.

*Pattes droites
aux extrémités
compactes, bien
frangées*

CAVALIER KING CHARLES

É laboré depuis peu,
le cavalier, énergique,
affectueux et aimable, est
devenu très apprécié.
À de nombreux points de vue,
c'est un compagnon citadin
idéal, toujours heureux de
se pelotonner sur un canapé
par temps maussade, mais tout
aussi content de trottiner ou de
courir pendant de longues
promenades. Malheureusement,
la popularité de ce chien
a conduit à des croisements
hâtifs qui ont contribué à une
augmentation considérable de troubles
cardiaques fatals. L'espérance de vie des
cavaliers king charles est ainsi réduite à
10 ans. Lorsqu'on choisit un chiot, il est
extrêmement important de vérifier l'histoire
médicale de ses géniteurs sur plusieurs générations.

BLENHEIM   RUBIS   NOIR ET   TRICOLORE
                             FEU

UN PEU D'HISTOIRE Dans les années 1920, lors d'une exposition canine londonienne, un Américain, Roswell Eldridge, offrit un prix à quiconque pourrait produire un king charles au nez allongé, semblable aux chiens représentés sur le portrait de Charles II et de ses épagneuls, par Van Dyck. Vers 1940, les chiens de ce type furent reconnus comme race à part entière.

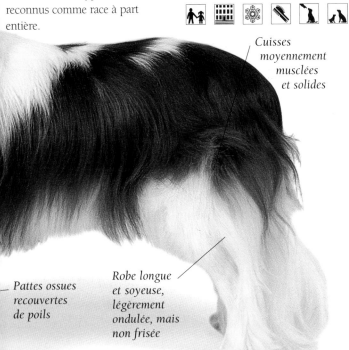

CARTE D'IDENTITÉ

PAYS D'ORIGINE Grande-Bretagne

APPARITION DE LA RACE 1925

FONCTION PREMIÈRE chien de compagnie

FONCTION ACTUELLE chien de compagnie

DURÉE DE VIE 10 ans

POIDS 5 à 8 kg

HAUTEUR AU GARROT 31 à 33 cm

Cuisses moyennement musclées et solides

Pattes osseuses recouvertes de poils

Robe longue et soyeuse, légèrement ondulée, mais non frisée

CHIHUAHUA

Petit, fragile le chihuahua se révèle pourtant alerte et audacieux. Il porte le nom de la région du Mexique d'où il fut, pour la première fois, exporté aux États-Unis. Cette race est liée à de nombreuses légendes ; son nom aztèque, xoloitzcuintli, désignerait un autre chien originaire d'Amérique centrale, beaucoup plus grand. On raconte aussi que les spécimens bleus étaient considérés comme sacrés, et que les individus rouges étaient sacrifiés lors de cérémonies rituelles. Le chihuahua est le chien de compagnie par excellence : tremblant au moindre souffle d'air, il ne se plaît que sur les genoux de son maître. Que son poil soit long ou court, il offre à ce dernier chaleur, affection et fidélité.

Variété à poil long, ornée d'une collerette gonflée par le sous-poil

Extrémités petites, aux griffes très bombées

UN PEU D'HISTOIRE Les origines du chihuahua restent très mystérieuses. Des experts affirment que ce petit chien fut introduit en Amérique en 1519 par les armées de Fernand Cortez. Selon une autre théorie, les Chinois atteignirent l'Amérique avant l'arrivée des Européens avec, dans leurs bagages, des chiens miniatures. Le chihuahua fut exporté aux États-Unis vers 1850.

CARTE D'IDENTITÉ

PAYS D'ORIGINE Mexique

APPARITION DE LA RACE XIXe siècle

FONCTION PREMIÈRE chien de compagnie

FONCTION ACTUELLE chien de compagnie

DURÉE DE VIE 12 à 14 ans

POIDS 1 à 3 kg

HAUTEUR AU GARROT 15 à 23 cm

Corps long et compact

TOUTES LES COULEURS

Robe longue, plus rare que la robe courte

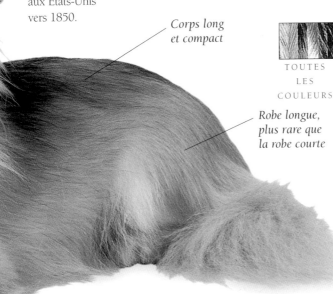

BOULEDOGUE FRANÇAIS

On affirme encore parfois que le bouledogue français descend du dogue de Burgos, chien de *bullbaiting* (combats organisés contre des taureaux). Des indices convaincants sembleraient prouver qu'il est issu de bulldogs « nains » de Grande-Bretagne. Curieusement, ce chien fut reconnu comme race à part entière non en France ou en Grande-Bretagne, mais aux États-Unis. Élevé à l'origine comme ratier, ce compagnon musclé devint le favori des commerçants parisiens. Il escalada ensuite l'échelle sociale jusqu'à devenir un accessoire de mode. Affectueux, fidèle, voire possessif, il se montre doux avec les enfants.

CARTE D'IDENTITÉ

PAYS D'ORIGINE France

APPARITION DE LA RACE XIXe siècle

FONCTION PREMIÈRE combat contre des taureaux

FONCTION ACTUELLE chien de compagnie

DURÉE DE VIE 11 à 12 ans

POIDS 10 à 13 kg

HAUTEUR AU GARROT 30,5 à 31,5 cm

FAUVE

PIED

ROUGE BRINGÉ

NOIR BRINGÉ

UN PEU D'HISTOIRE Vers 1860, des éleveurs français importèrent de petits bulldogs de Grande-Bretagne et les croisèrent avec des terriers. Au XXᵉ siècle, la race fut développée par les commerçants et les cochers dont ce chien était le favori.

Museau court, droit et retroussé, aux narines inclinées

Oreilles taillées pour des raisons de mode uniquement

Cage thoracique bombée, « en tonneau »

Robe très courte, épaisse, douce et lustrée

CANICHES

Il y a cinquante ans, le caniche était un chien extrêmement populaire dans le monde entier. Cette célébrité entraîna un élevage parfois peu prudent, au bénéfice de la quantité et non de la qualité. Des problèmes physiques et comportementaux apparurent chez cette race vive et très docile, entraînant une perte de faveur. Aujourd'hui aux mains d'éleveurs compétents, les caniches miniatures (toys) sont plus résistants. Chez certaines races, le processus de miniaturisation a produit des individus très dépendants de leur maître ; ce n'est pas le cas des caniches, qui se révèlent alertes, amusants et obéissants.

CARTE D'IDENTITÉ

PAYS D'ORIGINE France
APPARITION DE LA RACE XVIᵉ siècle
FONCTION PREMIÈRE chien de compagnie
FONCTION ACTUELLE chien de compagnie
DURÉE DE VIE 14 à 17 ans
POIDS
Miniature (toy) 6,5 à 7,5 kg
Nain 12 à 14 kg
Moyen 14 à 19 kg
HAUTEUR AU GARROT
Miniature (toy) 25 à 28 cm
Nain 28 à 34 cm
Moyen 34 à 38 cm

UN PEU D'HISTOIRE
Les caniches gardiens de troupeaux et chiens d'eau, en provenance d'Allemagne, furent sans doute introduits en France il y a au moins 500 ans, probablement déjà sous leur forme miniaturisée.

TOUTES LES
COULEURS
UNIES

CANICHE MINIATURE
(TOY)

*Oreilles
recouvertes
de poils
ondulés*

*Pelage
régulièrement
tondu, en
général*

Museau droit

UN PEU D'HISTOIRE Version réduite du caniche standard, le caniche nain devint extrêmement populaire de 1950 à la fin des années 1960. Légèrement plus grand que le caniche miniature (toy), il fut utilisé dans les cirques pour des numéros de dressage.

CANICHE NAIN

Robe laineuse et moelleuse

Coupe en pompon sur les pattes

Extrémités petites et ovales ; la couleur des griffes varie selon la robe

UN PEU D'HISTOIRE Le caniche moyen, qui se situe entre le grand caniche et le caniche nain, n'est admis comme chien de race que dans certains pays.

CANICHE MOYEN

Yeux vifs, légèrement en amande

Poils résistants, bouclés qui ne tombent pas mais qui nécessitent un entretien très régulier

Touffe de poils à l'extrémité de la queue

Pattes droites, bien parallèles

DALMATIEN

Bien que le dalmatien soit aujourd'hui considéré simplement comme un chien de compagnie, il se montra, des siècles durant, un chien de travail exceptionnel. Il fut chien de meute, rapporteur de gibier à plumes. On l'utilisa aussi pour garder les moutons et attraper les rongeurs. Plus récemment, il devint chien de cirque. Jusqu'à l'avènement de l'automobile, il fut même employé comme chien de cocher, car il trottait à côté des attelages, faisant dégager la route dans des quartiers très fréquentés. Au XIXe siècle, les pompiers américains dressèrent cet animal à surveiller les chevaux qui transportaient leur matériel. Aujourd'hui, ce chien exubérant est un compagnon très sociable et affectueux – certains mâles, toutefois, peuvent se montrer agressifs envers d'autres mâles.

FOIE ET
BLANC

NOIR ET
BLANC

*Cuisses
arrondies et
musclées*

*Queue large à la base,
s'effilant jusqu'à la pointe*

*Absence
de rides
naturelles
sur la tête*

CARTE D'IDENTITÉ

PAYS D'ORIGINE Balkans et Inde

APPARITION DE LA RACE Moyen Âge

FONCTIONS PREMIÈRES chien
de chasse, chien d'attelage

FONCTION ACTUELLE chien
de compagnie

DURÉE DE VIE 12 à 14 ans

POIDS 23 à 25 kg

HAUTEUR AU GARROT 50 à 61 cm

*Yeux arrondis et
brillants, bien écartés*

UN PEU D'HISTOIRE Des frises
grecques remontant à plus de
4 000 ans montrent des chiens de
chasse similaires à des dalmatiens.
Bien que la Dalmatie, le long
de l'Adriatique, soit considérée
comme la patrie de ce chien,
le dalmatien proviendrait
de l'Inde et aurait été
introduit en Grèce
par des marchands.

CHIENS SANS RACE DÉFINIE

Désignés sous le terme de « bâtards », les chiens sans race définie, qui n'ont pas été élaborés dans un but précis, se révèlent plus résistants que certains chiens de race pure, chez lesquels un élevage sélectif peut provoquer des caractéristiques héréditaires indésirables. Qu'ils aient été achetés ou offerts, ces chiens, très nombreux, apportent à leur maître des trésors d'affection inestimables.

RACE ET CARACTÈRE

Parmi les nombreux facteurs qui déterminent le caractère d'un chien, le patrimoine génétique et l'environnement proche sont prépondérants. La génétique est, bien entendu, fondamentale. Lorsqu'on croise des chiens de tempéraments similaires, le chiot produit a plus de chance de posséder les mêmes caractéristiques que ses parents que s'il est issu d'un croisement de spécimens de tempéraments différents. Le choix d'un chien de race définie est ainsi la garantie d'un certain comportement. Mais les gènes ne déterminent pas entièrement le caractère d'un chien ; l'environnement immédiat de l'animal a aussi une importance capitale. Des chiots sans race définie, élevés dans un environnement stable, deviennent des adultes remarquables. Malheureusement, les chiots « bâtards » étant souvent le résultat de gestations non voulues, leurs propriétaires les négligent, voire les abandonnent fréquemment. Par la suite, ces animaux présentent souvent des problèmes de comportement dus à une anxiété chronique.

Gardien alerte

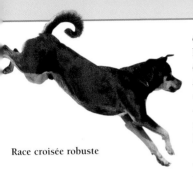

Race croisée robuste

Chiens errants

Les chiens errants se reproduisent en liberté. Ils mangent, s'accouplent, mettent bas et survivent dans la nature, se nourrissant des déchets des habitations humaines. Peu nombreux dans les pays du nord de l'Europe et en Amérique du Nord, ils prolifèrent en Amérique centrale, en Amérique du Sud, dans certaines régions d'Europe, en Turquie, au Moyen-Orient, en Afrique et en Asie.

Quel chien choisir ?

Le meilleur moyen d'acquérir un chien sans race définie consiste à adopter un chiot mis bas par la chienne d'un ami ou d'un voisin, car il est idéal de connaître les caractères de ses parents. Dans les refuges de chiens, il y a souvent pléthore de « bâtards » en attente d'un foyer accueillant. Certains d'entre eux, sauvés par des organisations spécialisées formant des chiens d'assistance aux handicapés, sont dressés à l'obéissance et à certaines fonctions élaborées. Attention, il est parfois difficile d'estimer la taille future d'un chiot – qui peut varier entre des individus d'une même portée – ainsi que la longueur et la texture de son pelage.

Tests ou hasard ?

Les chiens choisis dans des refuges présentent plus de problèmes de caractère et de comportement que ceux nés dans un foyer stable. Mais ils ont autant de qualités que les chiens de race : ils sont d'excellents gardiens et surtout manifestent à leur maître une affection sans bornes.

De loyaux compagnons

INDEX

C

D

REMERCIEMENTS

REMERCIEMENTS DE L'ÉDITEUR

Dorling Kindersley souhaite remercier le photographe Tracy Morgan pour sa précieuse collaboration à l'ouvrage *Dogs* ainsi que les nombreux propriétaires de chiens qui nous ont donné l'autorisation de photographier leur animal de compagnie. Tous nos remerciements vont également à Tim Scott et Heather McCarry pour la maquette, à Jane Bolton pour l'édition, à Margaret McCormack pour l'index et à Helen Parker à PAGE*One* pour la maquette initiale et le projet d'édition.

CRÉDITS PHOTOGRAPHIQUES

g = gauche, d = droit, h = haut, b = bas, c = centre
Toutes les photogtaphies sont de Tracy Morgan, sauf :
L. Gardiner : 72-73 : D. King ; 18-19, 29 h, 192 b, 345 h, 423 b ; T. Ridley : 422 ; D. Ward : 423 h.